NCS 기반

취업과 창업 설계 Guide Book

오은미 금진호 김선애 육현정 공저

취업과 창업을

시작하라!

양성원

머리말

많은 사람들이 자신이 바라는 일을 하며 살고 싶어 하며 이를 위해 노력한다. 그러나 때때로 우리는 자신의 노력에도 불구하고 하지 못하는 일 앞에서 좌절하기도 한다. 취업 역시 그렇다. 최선을 다했다고 생각하지만 원하는 대로 되지 않고 힘들기만 하다. 때문에 취업을 준비하고 구직 중인 청년들의 입장에서 취업이란 준비해야 하는 부분도 너무 많고, 가지고 있는 것 이상의 능력을 요구하는 기업도 많아 마냥 어려운 것으로 생각한다. 그래서 취업은 스펙 좋은 몇 명의 선택받은 자의 몫이라는 생각을 하는 학생들도 많다. 학생들과 취업 준비생들의 이런 생각을 전면 부정할 수 없다. 취업은 어렵다는 의견에 동의한다. 하지만 어렵다고 해서 할 수 없는 것이 아니다. 다년간 많은 학생들의 취업 포트폴리오를 보고, 구직활동에 도움을 주면서 깨달은 한 가지가 있다. 자신을 가장 정확하게 알고 있는 사람이 성공적인 취업 혹은 만족할 만한 직업을 가진다는 사실이다. 그리고 또 한 가지, 이들에게 취업은 어려운 것이 아니라는 것이다.

그럼 성공적인 취업이란 무엇일까? 흔히 많은 학생들이 대기업이나 공기업과 같이 구직자들에게 인기가 많은 기업에 취업을 하는 사람들을 보고 취업에 성공했다라고 이야기를 한다. 과연 이것은 성공한 취업이라 할 수 있을까? 분명히 말할 수 있는 사실은 취업에는 성공한 취업이 있고 실패한 취업이 있다는 것이다. 물론 여기서 말하는 실패한 취업은 취업을 하지 못했다는 의미가 아니다. 실패한 취업이란, 자신이 선택한 일이나 기업에 대한 불만족으로 이른 퇴사를 하거나 힘겹게 근무를 이어가는 것이라 할 수 있다. 실제로 한국경영자총협회가 조사한 신입사원 채용실태 보고서에 따르면 대졸 신입사원의 1년 내 퇴사율은 25.2%로 신입사원 4명 중 1명은 입사한 지 1년 안에 퇴사를 한다고 한다. 또한 대기업 신입사원의 1년 내 퇴사율도 27%로 상당히 높다. 퇴사한 신입사원들이 말하는 퇴사 사유 중 가장 큰 이유는 조직 및 직무 적응에 실패했기 때문이라고 한다. 기업과 직무에 대한 이해 부족으로 인해 자신과 맞지 않은 선택으로 첫 사회생활부터 실패를 겪어야만 했던 것이다. 바로 이것이 실패한 취업이다. 취업을 하고 이내 퇴사를 하며 다시 자신의 진로를 고민하는 학생들을 많이 봐 왔다. 실패를 했다는 사실에 자존감은 떨어지고 타인과 비교해 뒤쳐진다는 생각해 조급해 하는 것을 보며 안타까웠다. 이들도 분명 주변 친구들의 부러움을 받으며 취업에 성공했다는 이야기를 하거나 들으며 우쭐한 적이 있었다. 하지만 이내 우울한 취업준비생으로 돌아오며 심지어 자존감은 더 떨어졌다. 여기서 우리는 성공적인 취업의 정의를 다시 생각해봐야 한다. 주변 사람들과 비교해 얼마나 높은 연봉을 받으며 인지도 높은 기업에 취업을 하느냐를 생각할 것이 아니라 얼마나 오래 만족하며 일을 할 것이냐를 먼저 생각해야 한다. 그리고 이것이 성공적인 취업의 기준이 되어야 한다. 창업 역시 마찬가지일 것이다.

이를 위해서 우리는 자신을 파악하고 나와 맞는 직무를 찾고 해당 직무를 잘 발휘할 수 있는 기업을 찾아야 할 것이다. 이 과정으로 인해 취업이나 창업이 더디게 진행되는 것으로 보일 수 있으나 자신을 파악하고 잘 맞는 직업 및 직무를 찾는 과정이 결국은 성공한 취업과 창업의 지름길이라는 데 확신한다. 평생직장과 직업을 가지길 바라는 것은 아니다. 그저 취업을 하거나 창업을 하려는 많은 학생들이 만족하며 일을 할 수 있는 환경 혹은 만족할 만한 직무를 찾아 후회 없이 일을 해볼 기회를 가질 수 있길 바라는 것이다.

이 책이 누군가의 진로 설정과 취업 그리고 창업에 확실한 도움이 될 것이라고 장담할 수 없다. 하지만 이 책으로 인해 자신을 돌아보고 현재 내가 나아가야 할 방향과 미래에 대해 잠시라도 고민을 한다면 그 자체로도 큰 의미가 있다고 본다. 또한 누군가가 취업이라는 여러분의 인생의 중대한 결정에 도움을 주려고 하고 있으며 응원하고 있다는 사실을 기억하고 힘이 되길 바란다.

2019년 2월

저자 일동

차례

Chapter 11 창업의 준비

Chapter 12 창업의 시작

CHAPTER 01

진로결정을 위한 자기이해

01 진로결정을 위한 자기이해

학습목표

1. 과거와 현재 모습을 통해 나의 특성을 파악할 수 있다.
2. 타인의 시선을 통해 나의 성격을 알아볼 수 있다.
3. 적성탐색을 통해 적합한 진로를 찾아볼 수 있다.

사람은 누구나 자기 자신을 가장 잘 안다고 생각하면서도 때때로 낯선 나와 마주할 때가 있다. 그만큼 나에 대해 정확하게 아는 것이 타인에 대해 아는 것보다 어려운 일이다. 특히 진로를 설계하고 중요한 의사결정을 해야 하는 순간에는 스스로에 대해 잘 아는 것보다 중요한 것은 없다. 가장 먼저 자신의 성격이나 흥미, 적성 등을 파악하며 지난 삶에서 본인이 중요하게 여겼던 것이 무엇인지 판단한 후 진로 설계를 하는 것이 실패할 확률이 낮다. 하지만 많은 학생이 본인의 성격을 무시하고 외부 영향에 따라 진로를 결정하고 선택한 후 실패하거나 자신을 파악하지 못한 채 진로를 설정하려고 하니 결정에 어려움을 겪는 일이 많이 있다. 이런 상황을 피하고자 다양한 방법을 통해 자신을 알아가는 것을 먼저 해보고자 한다.

1 나의 성격 파악하기

1) 문장완성검사를 통한 자기이해

나의 성격에 대해 알기 위해 일단 나는 대체 누구인지를 생각해 보자. 이를 위해 미완성된 문장을 완성하면서 무의식적으로 자신이 중요하게 생각하는 태도나 감정 등을 드러내며 스스로를 알아볼 수 있다. 대인관계 면에서 나는 어떤 사람인지와 자존감 정도 등도 파악해 볼 수 있을 것이다.

나에 대해 보다 쉬운 방법으로 알아보기 위한 첫 번째 방법으로 문장완성검사를 함께 실시해 보자.

나는 누구인가
※ 다음 문항을 읽고 이어서 생각나는 바를 있는 그대로 적어서 문장을 완성해 보자.
1. 내가 원하는 것은
2. 내가 어렸을 때는
3. 내가 싫어하는 것은
4. 내가 좋아하는 것은
5. 나를 가장 기분 나쁘게 하는 것은
6. 내가 행복해지려면
7. 내가 제일 두려워하는 것(일)은
8. 내가 가장 후회하는 것은
9. 내가 살아야 할 이유는

10. 나를 가장 괴롭히는 것은
11. 내가 가장 흥미로워하는 것은
12. 나의 성격은
13. 나를 잘 아는 사람들은 나를
14. 나의 좌우명은
15. 나의 형제(자매)는 나를
16. 나의 친구들은 나를
17. 우리 집에서는 나를
18. 우리 가정환경은
19. 내가 다른 사람과 다른 점은
20. 만일 내가 지금 나이보다 열 살 아래라면
21. 가장 우울한 때는
22. 학교에서 나는
23. 학과에서 나는
24. 내가 가장 좋아하는 사람은
25. 나는

2) 과거 경험을 통한 성격 파악

누군가는 조별 과제 발표를 하며 만족감을 느끼기도 하고 또 다른 사람은 조별 과제 자료 조사를 하면서 만족감을 느끼기도 한다. 어떤 이는 어린 시절 계주 경기에서 1등을 한 경험을 좋은 추억으로 생각하기도 하고 다른 누군가는 체육대회에서 응원을 열심히 했던 것을 기억에 남는 좋았던 경험으로 뽑기도 한다. 사람들은 저마다 비슷한 경험에서도 다른 만족감을 표현한다. 어떤 행동을 했을 때 행복한지, 어떤 피드백을 받았을 때 불행했거나 만족스러웠는지를 떠올려보면 자신의 성격을 유추해낼 수 있을 뿐만 아니라 기호를 정확히 알 수 있다.

(1) 나의 주요 경험 정리해 보기

현재까지 살면서 자신이 겪은 여러 일 중 기억에 남는 10가지 경험을 작성해 보고 각 경험마다 본인이 느꼈던 만족감을 수치화해 보자. 그리고 이를 토대로 나의 인생그래프도 완성시켜보도록 하자.

예)

시기	주요 내용	만족도
10세	학교 운동장에서 뛰어 놀다가 다리가 부러졌다	−3
15세	부반장을 하면서 체육대회에서 응원상을 받았다	5
17세	길거리에서 헌혈 홍보 봉사활동을 했다	4
20세	독서실에서 아르바이트를 했는데 답답했다	−4

예)

나의 인생그래프

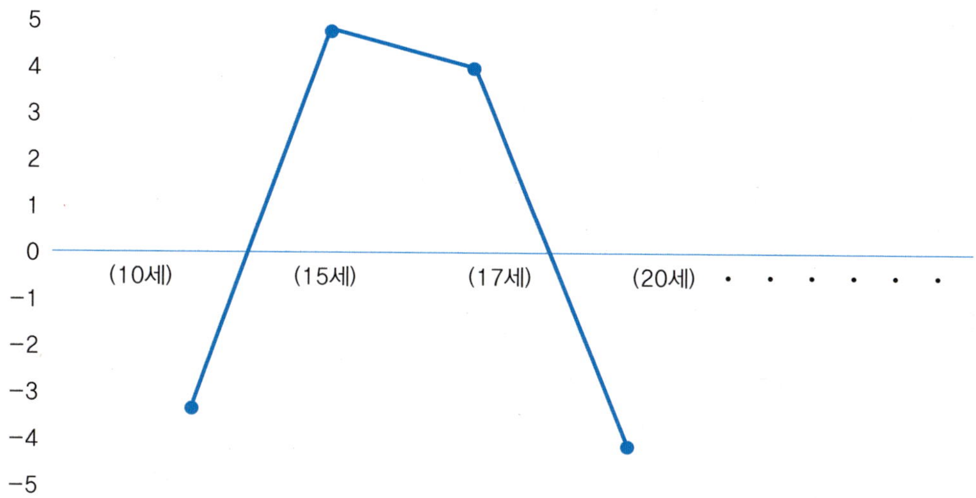

생애 주요 경험(뉴스) 작성

※ 자신의 과거 경험을 작성 후 솔직하게 만족도 점수를 정하세요.(만족도: +5점 ~ -5점)

시기	주요 내용	만족도

나의 인생그래프 그리기

※ 작성한 생애 주요 경험과 그 만족도를 활용해 인생그래프를 완성해 보세요.

5

4

3

2

1

0

(세) (세) (세) (세) (세) (세) (세) (세) (세) (세)

−1

−2

−3

−4

−5

(2) 나의 경험을 통해 성격 유추하기

앞서 해온 활동들을 통해서 우리는 계속해서 자신이 해온 경험으로 성격을 찾아보려 노력했다. 이 활동을 정리해 보며 나를 되돌아보고 파악해 보자.

나의 경험을 통해 내 성격 유추하기

※ 나의 경험과 인생그래프(만족도)를 토대로 자신의 성격을 작성해 보세요.

내가 좋아하는 일(활동 및 환경)	내가 싫어하는 일(활동 및 환경)

나의 성격 정리하기

※ 내가 좋아하거나 싫어한 일을 떠올려 보며 내 성격을 정리해 보세요.

3) 타인을 통한 나의 성격 파악

때로는 남이 나를 더 잘 아는 경우가 있다. 반대로 나 역시 타인을 더 정확하게 평가하는 경우도 있다. 주변 사람들에게 나의 모습에 대해 이야기를 듣고 내가 몰랐던 나의 모습을 발견해 보자. 또한 미처 알지 못했던 나의 성격을 보며 앞으로 발전시킬 부분과 개선할 부분도 찾아보자.

(1) 남이 보는 나는 어떤 사람인가

타인의 시선으로 본 나의 모습 알아보기

※ 지인들에게 나의 성격에 대해 물어보세요. 타인에게 보이는 나는 어떤 모습일까요?
최대한 많은 사람에게 나의 성격에 대한 피드백을 받으세요.

내가 생각하는 나의 성격	타인이 보는 나의 성격

나의 성격 정리하기	
※ 나와 타인이 각각 본 나의 성격을 대조해 보고 내 성격을 다시 정리해 보세요.	
내가 알고 있던 나의 성격	내가 몰랐던 나의 성격

4) 자가진단을 통한 성격 파악

나에 대해 정확하게 파악하는 과정은 끝이 없다. 사람은 상황이나 환경에 따라서 계속 변하고 그에 따라 새로운 나의 모습을 발견하게 되는 과정을 끊임없이 반복할 것이다. 그래서 항상 현재 내가 어떤 사람인지, 어떤 모습으로 생활하는지, 어떤 성격으로 비춰지는지는 스스로 진단해나가는 것이 가장 현실적인 자기 파악의 방법이라고 볼 수 있다.

그리고 나를 가장 솔직하고 진솔하게 평가할 수 있는 사람 역시 나 "자신"이다. 내가 부족한 부분이 무엇인지 가장 잘 아는 사람도 나이며, 내가 잘하는 부분이 무엇인지 가장 잘 아는 사람 역시 나이다. 하지만 나를 가장 과대평가하거나 과소평가하는 사람도 나 "자신"일 수 있다는 사실을 염두에 두어야 한다. 나를 포장하려고 하거나 자존감이 낮은 경우가 이에 해당한다.

나를 보다 객관적으로 보려 노력해 보며 마지막으로 나의 성격을 자가진단해 보자.

(1) 내 성격에 해당하는 형용사 체크해 보기

나의 성격 특성 자가진단					
※ 자신의 성격적 특성을 나타내는 형용사에 체크(☑)해 보세요.					
감정이입을 잘하는		감성적인		유능한, 효율적인	
태평스러운, 게으른		신중한, 조심스러운		외교적인	
호기심이 많은		창의적인		일관된, 변함없는	
보수적인		양심적인, 성실한		자신감 있는	
능숙한		경쟁적인		생각이 분명한	
발랄한, 쾌활한		신중한		조심스러운	
차분한		효율적인		세부적인 것에 신경쓰는	
적극적인		분석적인		야심 있는	
공격적인		모험적인		적응력 있는	
정확한		스트레스를 조절하는		집중할 수 있는	
열광적인		친절한, 상냥한		온화한, 부드러운	
도움을 주는		정직한		유머러스한	
창의적인		독립적인		똑똑한	
독창적인		친절한		호감이 가는	
논리적인		충실한		분별 있는	
꼼꼼한		세심한		겸손한	
의욕적인		편협하지 않은		낙관적인	
계획적인		이성적인		인내심이 있는	
불굴의		설득력 있는		침착한	
현실적인		정밀한		진보적인	
재치 있는		다재다능한		이해심	
신뢰할 수 있는		사람을 믿는		엄한, 냉정한	
배려심 있는		빈틈없는		집요한	
가르칠 수 있는		요령(눈치) 있는		도와주는	
안정된, 차분한		사교적인		진실한, 진정한	
감성적인		분별력 있는		자제력 있는	
약속을 잘 지키는		모험적인		책임감 있는	
지략 있는		속마음을 숨기는		믿을 만한	
사색적인		현실적인		합리적인	
조용한		빠른		시간을 지키는	

(2) 나의 성격을 문장으로 표현해 보기

많은 사람이 자신의 성격에 대해 이야기할 때 명확하게 표현하는 것을 어려워한다. 물론 사람의 성격을 한마디로 표현할 수는 없다는 것은 인정한다. 하지만 다른 사람들 앞에서 나를 표현해야 할 경우 보다 정확하고 확실한 표현으로 나의 성격을 알려 줘야 할 때도 있다. 이런 상황에 대비해 앞서 체크한 성격적 특성을 나타내는 형용사를 활용해서 자신의 성격을 표현해 보자.

예)

성격특성: 감정 이입을 잘하는
→ 간호 실습을 하며 환자들의 입장에서 항상 생각해 보려 노력했다.
이런 면에서 나는 상대가 생각하는 부분에 감정 이입을 잘한다고 생각한다.

성격특성: 사교적인
→ 새 학기마다 친구들을 금방 사귀고 사람들과의 대화를 즐거워한다.
사교적인 내가 다른 사람들에게도 즐거움을 줬으면 좋겠다.

성격특성:
→

성격특성:
→

성격특성:
→

성격특성:
→

2 나의 적성 파악하기

1) 직업선호도검사를 통한 적성 파악

진로 선택을 할 때 고려할 여러 요인 중 가장 먼저 살펴볼 부분은 특정 행동이나 직업에 대한 흥미이다. 취업을 준비하는 사람들은 내가 좋아하는 분야에서 일하기를 꿈꿀 것이다. 이를 위해서는 내가 좋아하는 분야를 정확하게 파악하는 것이 중요하다.

우리는 자신의 직업적 흥미를 알아보기 위해 직업선호도검사를 이용해 볼 것이다. 직업선호도검사는 진로심리학자 John L. Holland가 구축한 이론을 바탕으로 고용노동부에서 개발한 검사이다. 사람들은 자신의 성격이나 좋아하는 활동과 적성 및 가치관 등을 통해 각자의 특성을 보인다. 그리고 이 특성에 따라 선호하는 직업이나 직업적 환경 등을 결정한다. 이 검사를 통해 우리는 자신의 특성과 비교해 적합한 직업을 유추하거나 직업 환경을 알아볼 수 있다.

(1) 직업선호도검사 실시하기

직업선호도검사 간편 검사지

※ 좋아하는 것에 체크하고 각 유형별 개수를 빈칸에 기입하세요.

R형 ( )		I형 ( )		A형 ( )	
강건한		비판적인		창의적	
순응하는		호기심 많은		비우호적	
물질주의적인		창의적인		정서적	
완고한		독립적인		표현적	
실제적인		지적인		비현실적	
현실적인		논리적인		독립적	
엄격한		수학적인		혁신적	
안정적인		방법적인		통찰력 있는	
무뚝뚝한		합리적인		자유분방한	
검소한		과학적인		예민한	
손이나 도구 사용		복잡한 원리 이해		자신 표현하기	
물건을 고치고 만듦		추상적 문제풀기		음악, 미술, 문예	
자연을 감상하는 일		물리, 생물, 수학		연극	
솔직한		말없는		비순응적	

S형 ( )		E형 ( )		C형 ( )	
수용적인		야망 있는		조직화된	
우호적인		분명한		양심적	
공감적인		자기주장적인		효율적인	
배려하는		확신하는		질서 정연한	
도움을 주는		결정을 잘하는		순응하는	
친절한		지배적인		경직된	
설득력 있는		열정적인		정확한	
가르치는		영향력 있는		체계적인	
이해하는		설득력 있는		보수적인	
책임감		외형적인		잘 통제된	
인내심		자신감에 찬		안정적인 일	
타인과 협력해 일하기		권력, 성취를 위한 일		자료정리, 구조화된 일	
타인의 복지에 관심		판매를 하는 일		규칙적이고 정해진 일	
사람을 교육하고 치료		경쟁적인		계획 세우는 일	

▶ 검사결과를 확인하고 체크한 개수가 많은 유형 2개를 선택하고 두 유형의 특성을 확인해 보자. 해당 유형의 특성의 직업적 장점과 단점을 확인하고 본인이 생각했던 희망 진로분야와 비교해 보자. 선호도 유형과 희망 진로 분야가 다르다고 해서 실망할 필요는 없다. 내 유형이 가지는 부족한 활동 부분을 잘 참고해 보완하면 희망하는 직업에서도 문제없이 일을 할 수 있을 것이다. 그래서 다음의 6가지 유형의 특성과 선호직업을 살펴보고 반드시 나의 강약점을 정리하는 것이 필수다.

유형	특성	선호직업
현실형 (R)	• 솔직하고 검소하다. • 지구력이 있으며 신체활동에 능하다. • 소박하고 말이 적으며 고집이 있고 단순하다. • 기계적 능력이 뛰어남 • 회피 활동: 타인과의 상호작용, 대인관계능력 부족	기술자, 자동기계 및 항공기 조종사 정비사, 농부, 엔지니어, 전기기사, 기계기사, 무대장치기술자, 경찰, 조경사, 사육사, 운동선수 등
탐구형 (I)	• 탐구심이 많고, 논리적, 분석적이다. • 합리적이며 정확하고 지적 호기심이 많다. • 비판적, 내성적이며 수줍음을 잘 탄다. • 지적 자부심이 있으며 연구능력이 높다. • 회피 활동: 설득과 영업활동, 지도력이 부족하다.	과학자, 생물학자, 화학자, 물리학자, 인류학자, 지질학자, 의사, 교육심리학자, 조직분석가, 바리스타, 향수감별사, 컴퓨터프로그래머, 평론가, 약사 등
예술형 (A)	• 상상력이 풍부하며, 감수성이 강하다. • 자유분방하며, 개방적이다. • 감정이 풍부하고, 독창적이며 개성이 강하다. • 회피 활동: 틀에 박힌 일이나 규칙, 사무적 기술 부족, 협동력이 부족할 수 있다.	예술가, 작곡가, 음악가, 무대감독, 작가, 배우, 소설가, 미술가, 무용가, 디자이너, 뷰티메이크업아티스트, 이미지 컨설턴트, 플로리스트, 분장사, 사이버아티스트 등
사회형 (S)	• 사람들을 좋아하고, 어울리기 좋아한다. • 친절하고, 이해심이 많으며, 남을 잘 도와주며, 봉사적이다. • 감정적이며, 타인의 문제에 관심이 많다. • 회피 활동: 기계 기술적인 활동, 과학적은 부족하다.	사회복지사, 교사, 상담가, 간호사, 보호관찰관, 고객서비스, 미술치료사, 호텔리어, 애완동물미용사, 청소년 전문가, 종교 지도자, 커플매니저, 유치원교사 등
진취형 (E)	• 지배적이고, 통솔력, 지도력이 있다. • 말을 잘하며 설득력이 있으며 타인을 관리하는 것에 관심이 있다. • 외향적, 낙관적이고 열성적이다. • 회피 활동: 과학적, 기계 기술분야, 체계적 능력은 부족하다.	영업사원, 상품구매인, 판매인, 보험회사원, 관리자, 광고대행업, 언론인, 노동조합 지도자, 공인중개사, 매니저, 쇼호스트, 유통관리사, 군장교, 정치인 등
관습형 (C)	• 정확하고, 빈틈없고, 조심성이 있다. • 책임감이 강하고, 자료 기록, 정리하는 일에 관심이 있다. • 정해진 원칙과 계획에 따라 진행한다. • 회피 활동: 명확하지 않은 모호한 과제, 독창적, 예술적 상상력은 부족하다.	사무행정, 의료기록원, 은행원, 공무원, 감정평가사, 회계사, 비서, 신용분석원, 변리사, 관세사, 사서, 보안전문가, 법무사 등

2) 직업선호도검사에 따른 유형 정리하기

검사 결과를 다시 정리해 봄으로써 내 성격의 장점과 단점을 이해하는 것은 물론 타인의 성격까지 다시 생각해 보자. 그리고 타인을 통해 배울 점을 찾아 나의 단점을 극복하려 노력해 보면 어떨까. 또한 해당 검사를 통해 내가 하면 좋을 직업의 특성을 파악하는 것도 잊지 말자.

내 유형 정리하기

※ 검사 결과를 살펴보고 아래의 표에 자신의 적성 및 성격을 정리해 보세요.

내 유형은 무엇입니까?	
내 유형의 대표적 장점	
내 유형의 대표적 단점	
내가 닮고 싶은 유형의 특성	
내 유형의 대표적 직업	

CHAPTER 02

진로결정 및 목표 세우기

02 진로결정 및 목표 세우기

학습목표

1. 진로결정에 도움이 되는 다양한 방법을 통해 나의 진로를 결정할 수 있다.
2. 진로 장애 요인을 제거하고 내 인생의 구체적 목표를 설계할 수 있다.
3. 커리어 목표를 정확히 세워 빠르고 쉽게 진로 목표를 달성할 수 있다.

1 다양한 방법으로 진로결정하기

인생에서 많은 결정을 한다. 사소하게는 점심 메뉴 선정부터 미래를 함께할 배우자를 선택하거나 대학교와 전공을 선택하는 중요한 결정까지 다양한 결정을 해야 한다.

어떤 결정은 실수를 하더라도 쉽게 돌이킬 수 있으나 때로는 실수를 하게 되었을 때 치명적인 결과를 일으키는 결정도 있다. 특히 취업을 준비 중인 사람들은 불완전한 결정으로 인해 본인이 선택한 회사와 직무에서 적응을 잘 하지 못해 근속하지 못하는 경우도 많이 있다. 이런 일을 방지하고자 스스로의 의사결정유형은 어떤지를 살펴보며 보완할 점을 염두에 두며 중요한 문제에 앞서 올바른 의사결정을 할 수 있도록 연습하는 것이 좋다.

1) Harren의 의사결정유형 검사하기

Harren의 의사결정유형 검사하기				
※ 나에게 해당하는 문장이라면 빈칸에 O, 아니라면 X를 표시하세요. 그리고 O의 개수를 아래에 기입하세요.				
no	항목	A	B	C
1	나는 중요한 의사결정을 할 때 한 단계 한 단계 체계적으로 한다.			
2	나는 자신의 욕구에 따라 매우 독특하게 의사결정을 한다.			
3	나는 얻을 수 있는 모든 정보를 수집하지 않고는 중요한 의사결정은 거의 하지 않는다.			
4	의사결정을 할 때 내 친구들이 나의 결정을 어떻게 생각할 것인가를 매우 중요시 한다.			
5	의사결정을 할 때, 이 의사결정과 관련된 결과까지 고려한다.			
6	나는 다른 사람의 도움 없이는 중요한 의사결정하기 힘들다.			
7	나는 어려운 문제에 부딪치면 재빨리 결정을 내린다.			
8	나는 의사결정을 할 때, 나의 즉각적인 느낌이나 감정에 따른다.			
9	나는 내가 하고 싶은 것보다 다른 사람이 어떻게 생각하느냐에 영향을 받아 의사결정을 한다.			
10	어떤 의사결정을 할 때 나는 시간을 갖고 주의 깊게 생각해 본다.			
11	나는 문제의 본질에 대해 찰나적으로 떠오르는 생각에 의해 결정을 한다.			
12	나는 친한 친구에게 먼저 이야기하지 않고는 의사결정을 거의 하지 않는다.			
13	나는 중대한 의사결정 문제가 예상될 때, 그것을 계획하고 생각할 시간을 충분히 갖는다.			
14	나는 의사결정을 못한 채 뒤로 미루는 경우가 많다			
15	의사결정하기 전에 올바른 사실을 알고 있나 확인하기 위해 관련된 정보들을 다시 살펴본다.			

16	나는 의사결정에 관해 실제로 생각하지는 않지만 갑자기 생각이 떠오르면서 무엇을 해야 할지를 알게 된다.			
17	어떤 중요한 일을 하기 전에 나는 신중하게 계획을 세운다.			
18	의사결정을 할 때 다른 사람의 많은 격려와 지지를 필요로 한다.			
19	나는 의사결정을 할 때, 마음이 가장 끌리는 쪽으로 결정을 한다.			
20	나의 인기를 떨어뜨릴 의사결정은 별로 하고 싶지 않다.			
21	나는 의사결정을 할 때, 예감 또는 육감을 중요시 한다.			
22	나는 조급하게 결정을 내리지 않는데, 그 이유는 올바른 의사결정임을 확신하고 싶기 때문이다.			
23	어떤 의사결정이 감정적으로 나에게 만족스러우면 나는 그 결정이 올바를 것으로 본다.			
24	올바른 의사결정을 할 수 있는 능력에 자신이 없기 때문에 주로 다른 사람의 의견을 따른다.			
25	종종 내가 내린 각각의 의사결정을 일정한 목표를 향한 진보의 단계들로 본다.			
26	내가 내리는 의사결정을 친구들이 지지해 주지 않으면 그 결정에 대해 확신을 갖지 못한다.			
27	의사결정을 하기 전에 나는 그 결정을 함으로써 생기는 결과에 대해 가능한 한 많이 알고 싶다.			
28	나는 "이것이다"라는 느낌에 의해 결정을 내릴 때가 종종 있다.			
29	대개의 경우 나는 주위 사람들이 바라는 방향으로 의사결정을 한다.			
30	여러 가지 정보를 수집하거나 검토하는 과정을 갖기보다 나에게 떠오르는 생각대로 결정을 내리는 경우가 자주 있다.			

A		B		C	

▶ 검사 결과 A의 개수가 가장 많은 사람은 "합리적 유형", B의 개수가 가장 많은 사람은 "직관적 유형", C의 개수가 가장 많은 사람은 "의존적 우형"에 해당한다.

유형별 특징을 살펴보면서 나의 특징의 단점에 집중해 보자. 그 단점은 의사결정을 하는 데 있어서 큰 걸림돌이 되거나 실수가 되어 돌아올 수 있는 원인이 되는 부분이다. 따라서 단점을 확인하고 이는 고치려고 노력해야 하며 의사결정을 하게 될 경우 자신의 단점을 떠올리며 결정에 대해 재고할 필요가 있다.

Harren의 의사결정유형 특징 이해하기

유형	장점	단점
Ⓐ **합리적 유형**	• 의사결정 과정에서 매우 신중하고 합리적으로 접근한다. • 결정에 있어 실패하거나 잘못할 확률이 낮다. • 미래의 의사결정 필요성을 예견한다. • 본인이 한 결정에 대한 책임을 진다. • 심리적 독립과 성장에 도움이 된다.	• 충분한 자료조사와 체계적 접근으로 인해 의사결정을 하는 데 시간이 많이 걸린다. • 지나친 신중함으로 기회를 놓치는 일이 생길 수 있다. • 빠른 결정을 해야 하는 상황이나 예상치 못한 일에서 결정하기 어려워한다.
Ⓑ **직관적 유형**	• 의사결정을 매우 빠르게 할 수 있다. • 자신이 선택한 결정에 대해 책임을 진다. • 빠르게 결정해야 하는 일이거나 예기치 못한 상황에 유리하다.	• 정보탐색활동이나 대안에 대한 논리적 평가 과정이 없으므로 잘못되거나 실패할 확률이 높다. • 현재의 느낌에 주의를 기울이는 특징으로 인해 결정에 일관성이 없다. • 즉흥적 결정으로 어떻게 결정에 도달했는지 과정을 설명하기 힘들다.
Ⓒ **의존적 유형**	• 선택 불가능한 매우 어려운 과제에 있어 섣부른 선택을 하지 않는다.	• 결정에 대한 책임이 두려워 결정을 회피한다. • 결정에 실패했을 때 남의 탓을 할 수 있다. • 결정을 해야 할 때 정서적으로 불안을 느끼며 남의 눈치를 본다. • 수동적이며 사회적 승인에 대한 욕구가 높아 남의 결정을 따라 한다.

2) 진로결정을 위한 직업 가치관 및 직업관 파악

직업 선택에 앞서 왜 일을 해야 하는지, 직업이 본인에게 가지는 의미는 무엇인지, 직업을 선택할 때 확고한 기준이 있는지 생각해 본 적이 있는가. 이런 생각을 꼭 해야만 하는지 의문이 드는 사람들도 있을 것이라 생각한다. 일을 하는 것을 돈을 벌기 위한 수단으로만 여기는 사람이 많다는 것을 알고 있다. 경제적 이유에서 직업을 선택하고 일을 하는 것이 매우 중요하다는 것을 알고 있고 이 부분이 직업선택에 있어 큰 부분 중 하나라는 것을 인정하지 않을 수 없다. 하지만 막상 일을 하다보면 돈이 전부가 아니라는 것을 깨닫는 순간이 있다. 돈이라는 금전적 보상 이외에 꿈의 실현 혹은 시간적 자유 등이 직업 선택에서 있어 우선순위가 될 수도 있고, 직업을 가지고 일을 한다는 것이 나의 발전이나 타인에게 보이는 자아를 완성하는 척도가 되기도 한다.

실패 없는 직업선택과 진로결정을 위해서 저마다 생각하는 직업 가치관은 무엇인지 알아보고 또한 자신에게 직업이 어떤 의미인지를 생각하며 직업관 또한 확인해 보자. 이를 통해 보다 현명하고 후회 없는 진로선택이 될 수 있도록 하자.

(1) 나의 직업 가치관 찾아보기

가치 요인	가치 설명	관련 직업
성취	스스로 달성하기 어려운 목표를 세우고 이를 달성하여 성취감을 맛보는 것을 중시하는 가치	대학교수, 연구원, 운동선수, 관리자 등
봉사	자신의 이익보다는 사회의 이익을 고려하며 어려운 사람을 돕고 남을 위해 봉사하는 것을 중시하는 가치	판사, 소방관, 성직자, 경찰관, 사회복지사 등
개별활동	여러 사람들과 어울려 일하기보다 자신만의 시간과 공간을 가지고 혼자 일하는 것을 중시하는 가치	디자이너, 화가, 운전사, 교수, 연주자 등
직업 안정	해고나 조기퇴직의 걱정 없이 오랫동안 안정적으로 일하며 안정적인 수입을 중시하는 가치	교사, 약사, 기술자, 공무원, 은행원 등
변화지향	일이 반복적이거나 정형화되어 있지 않으며, 다양하고 새로운 것을 경험할 수 있는지를 중시하는 가치	연구원, IT개발자, 메이크업 아티스트, 광고전문가 등
몸과 마음의 여유	건강을 유지할 수 있으며 스트레스를 적게 받고 마음과 몸의 여유를 가질 수 있는 업무나 직업을 중시하는 가치	화가, 교사, 웃음치료사, 조경기술자 등

가치 요인	가치 설명	관련 직업
영향력 발휘	타인에게 영향력을 행사하고 일을 자신의 뜻대로 진행할 수 있는지를 중시하는 가치	감독 또는 코치, 관리자, 성직자, 변호사 등
지식 추구	일에서 새로운 지식과 기술을 얻을 수 있고 새로운 지식을 발견할 수 있는지를 중시하는 가치	판사, 연구원, 개발자, 경영컨설턴트, 디자이너 등
애국	국가의 장래나 발전을 위하여 기여하는 것을 중시하는 가치	군인, 경찰관, 검사, 소방관, 사회단체활동가 등
자율	다른 사람들에게 지시나 통제를 받지 않고 자율적으로 업무를 해 나가는 것을 중시하는 가치	연구원, 자동차영업원, 광고전문가, 예술가 등
금전적 보상	생활하는 데 경제적인 어려움이 없고 돈을 많이 벌 수 있는지를 중시하는 가치	프로운동선수, 증권 및 투자중개인, 공인회계사 등
인정	자신의 일이 다른 사람들로부터 인정받고 존경받을 수 있는지를 중시하는 가치	항공기조종사, 판사, 연주가, 교수 등
실내활동	주로 사무실에서 일할 수 있으며 신체활동을 적게 요구하는 업무나 직업을 중시하는 가치	번역사, 관리자, 상담원, 연구원, 법무사 등

▶ 위에서 제시하고 있는 직업 가치들 중 자신이 중요하다고 생각하는 것을 선택해 본다.

1단계	
13가지 가치 중 나에게 중요하다고 생각하는 가치 7가지를 작성한다. ※위에 제시한 가치 이외에 본인이 중요하다고 생각하는 또 다른 가치를 작성해도 무방하다.	
2단계	
1단계에서 선택한 7가지 가치 중 더 중요하다고 생각하는 가치 4가지를 작성한다.	
3단계	
2단계에서 선택한 4가지 가치 중 가장 중요하다고 생각하는 가치 2가지를 작성한다.	
2가지 가치를 최종적으로 선택한 이유는 무엇인가?	

(2) 직업 가치관에 따른 진로 선택하기

결정한 직업 가치관에 따라 자신이 생각하고 있는 여러 직업을 비교해 보자. 내가 중요하게 생각하는 가치관에 가장 적합한 직업이 무엇인지 찾아보고 진로결정에 도움을 받을 수 있도록 하자.

먼저 비교해 볼 3가지 직업을 작성한다. 그리고 앞서 결정한 직업 가치관 6가지를 기입해 본다. 이때 앞서 제시한 직업 가치관이 아니더라도 본인이 생각하는 가치관을 작성해도 무방하다. 그리고 각 가치관마다 중요도에 따라 100점 만점 기준에서 점수로 표현해 준다. 마지막으로 작성한 직업마다 본인이 정한 가치관 점수에 몇 점에 해당하는지 작성하고 총점을 더해 준다.

예)

	직업 1	직업 2	직업 3
	병원상담	간호사	보건교사
직업 안정 (35점)	28	35	35
금전적 보상 (20점)	13	19	15
꿈의 실현 (15점)	13	15	15
봉사 (15점)	12	15	10
몸과 마음의 여유 (5점)	5	2	5
실내활동 (10점)	8	5	10
총합 (100점)	79	91	87

직업 가치관을 통해 직업 비교하기

※ 관심 있던 직업 3개를 본인의 가치관에 따라 비교해 보세요.

	직업 1	직업 2	직업 3
(　　점)			
(　　점)			
(　　점)			
(　　점)			
(　　점)			
(　　점)			
총합 (100점)			

(3) 나의 직업관 알아보기

나에게 직업이란 어떤 의미입니까?

내 직업이 나에게 어떤 도움을 줬으면 좋겠습니까?

(4) 나의 진로결정하기

앞서 실시한 다양한 검사를 정리해 보며 나의 진로를 결정해 보자.

<table>
<tr><th>검사 종류 및 직업 분류</th><th>추천 및 선택 직업 목록</th><th>나의 희망 직업</th></tr>
<tr><td rowspan="2">직업흥미검사 결과</td><td>[1순위 직업]</td><td rowspan="4"></td></tr>
<tr><td>[2순위 직업]</td></tr>
<tr><td>직업 가치관 검사 결과</td><td></td></tr>
<tr><td>나에게 가장 적합한 직업</td><td></td></tr>
<tr><td>헤당 직업 선택 이유</td><td colspan="2"></td></tr>
</table>

2 진로 설계하기

나는 대체 뭘 해야 할까. 내가 좋아하는 것은 무엇일까. 많은 청년이 이런 고민을 안고 살고 있다. 청년뿐 아니라 본인의 업을 가지고 있는 사람들조차도 이 물음을 끊임없이 스스로에게 하고 있다. 이를 해결하기 위해 앞서 나에 대한 깊이 있는 탐구를 했고, 진로를 결정하기 위한 여러 과정을 거쳐 왔다. 하지만 이를 통해 진로를 결정했다 해도 제대로 실행하지 못한다면 이 과정은 쓸모없게 될 것이다. 내가 정한 나의 소중한 진로를 이루어내기 위해서는 진로를 결정할 때만큼 많은 노력이 필요하다. 효율적이고 정확한 진로 설계로 내가 하고 싶은 일을 반드시 이룰 수 있도록 해 보자.

1) 진로 장애 요인 제거하기

진로 설계에 앞서 내가 가지고 싶은 직업 혹은 내 꿈을 위해서 걸림돌이 되는 요인이 있는 지 점검해 보자. 그리고 장애 요인을 해결하기 위한 대안까지 생각해 본다면 보다 빠르고 쉽게 나의 진로 목표를 달성할 가능성이 클 것이다.

진로 장애 요인	대안

2) 인생의 비전과 목표 정하기

나는 어떤 일을 하면 좋을까를 먼저 생각하는 것보다 나는 어떤 인생을 살고 싶은지를 생각해 보는 것이 우선시하면 좋을 듯하다. 내가 바라는 미래 나의 모습은 어떤지 그려보고 그에 따른 목표를 정해 보자.

(1) 연령대별 인생 목표 그리기

연령대별 인생 목표 그리기

※ 십 년 단위로 내 인생을 어떤 목표(비전)로 살아갈 것인지 생각해 보세요.

10대

20대

30대

40대

50대

60대

70대

(2) 연령대별 구체적 목표 그리기

연령대별 구체적 목표 세우기

※ 연령대별로 아래에 제시하는 분야에서 나의 구체적 목표를 그려보세요.

	직업적	경제적	사회적	가족	정신적	자기개발
20대						
30대						
40대						
50대						
60대						
70대						

3) 커리어 목표 설정 및 계획하기

내가 꿈꾸는 나의 미래 모습을 단순히 희망사항에서 그치지 않고 실현 가능한 모습으로 만들기 위해서는 강력한 계획을 세우는 것이 필요하다. 깊이 고민하고 설정한 나의 목표 혹은 나의 꿈과 진로를 끝내 이루지 못해 후회를 하는 날이 올 수도 있다. 하지만 적어도 끝까지 최선을 다해 본 사람은 이루지 못한 꿈에 대해 후회가 없다. 그리고 이 사람들은 본인의 목표를 이루지 못할 가능성이 매우 낮다. 왜냐하면 자신의 꿈과 목표를 이루기 위해 다양한 방법으로 실행 계획을 세우고 이를 지키려고 노력해왔기 때문이다. 미래에 언젠가 나의 행동에 대해 후회하지 않기 위해 다양한 목표를 실행하기 위한 계획을 세워보고 이를 실행하기 위해 노력해야 한다.

(1) SMART 기법을 활용한 목표 설정

목표를 계획하기 위해 우선 정확하고 실행 가능한 목표를 설정하는 방법을 알아보고자 한다. 다음의 표는 목표를 설정하기 위한 SMART 기법이다. 이 기법을 사용하여 목표를 설정해 보자.

목표 설정 및 달성을 위한 SMART 기법

과제	내용
[구체적인] Specific	목표는 명확하고 구체적으로 정해야 한다. 정확히 무엇을 달성하려고 하는가? [who, what, where, when, how, why]
[측정 가능한] Measurable	어느 정도 달성되었는지 관찰하기 위해 계량화한다. 목표 달성 여부를 어떻게 판단할 것인가? [기준 수치 설정]
[달성 가능한] Attainable	무모한 일이 아닌 가능한 일로 만들기 위한 방법을 명확하게 한다. 달성 가능하게 하기 위해 무엇을 할 것인가? [실천 방법 탐색]
[관련성/현실성] Relevant/Realistic	본인의 삶과 관련성이 있으며 현실적이며 실현 가능해야 한다. 나와 무관한 일은 아닐까? 현실적으로 가능한 일일까? [목표 수행 의지와 노력]
[기간 설정] Time-sensitive	목표달성 시간(기간)과 시기를 설정해서 틈틈이 평가한다. 언제까지 목표를 달성할 것인가? [기간 설정]

예)

과제	내용
구체적인 Ⓢ	토익 점수 750점을 만든다.
측정 가능한 Ⓜ	매일 오전 6시 50분 토익 수업을 듣고 오후에 2시간씩 도서관에서 공부를 한다.
달성 가능한 Ⓐ	공부를 같이 하고자 하는 친구들과 스터디 그룹을 결성해 매일 서로 공부량을 체크하고 어길 시 패널티를 준다.
관련성/현실성 Ⓡ	등교 전 오전 수업은 현실적으로 잘 참여하기 어려울 것 같으니 오후 7시 수업으로 바꾸고, 도서관 수업은 막연하게 2시간이 아니라 공강 시간으로 정한다.
기간 설정 Ⓣ	하반기 채용 시즌 전까지 점수를 만든다.

나의 목표: 하반기 채용 시즌 전까지 오후 7시 토익 학원 수업을 듣고 공강시간에 도서관에서 공부를 해 토익 점수 750점을 만든다.

SMART 기법을 이용한 목표 설정하기	
과제	내용
구체적인 Ⓢ	
측정 가능한 Ⓜ	
달성 가능한 Ⓐ	
관련성/현실성 Ⓡ	
기간 설정 Ⓣ	
나의 목표:	

(2) 최종 커리어 계획표 작성하기

나의 커리어 목표를 달성하기 위한 계획을 구체적으로 작성해 이를 지키려 노력하다 보면 남들보다 빠르고 정확하게 목표를 달성할 수 있을 것이다. 또한 작성한 계획을 주변 사람들과 공유해 보며 조언을 구하며 수정할 수도 있으며, 다른 사람들의 계획은 때로 자극제가 되어 계획을 실천하는 힘이 되기도 한다.

예)

시기	목표	필수준비사항	장애요인	실천계획
2학년 1학기	컴퓨터활용능력 1급 취득하기	1. 컴퓨터 학원 등록 2. 개별 공부	1. 수업료 (컴퓨터 학원 30만원) 2. 공부 시간부족	1. 아르바이트 (주말 카페 1일 5만원) 2. 공강 시간 활용

커리어 계획표 작성하기

시기	목표	필수준비사항	장애요인	실천계획

CHAPTER 03

직무에 대한 탐구

03 직무에 대한 탐구

학습목표

1. 직무에 대한 탐구의 중요성을 이야기할 수 있다.
2. 직무 분석 5가지 방법을 활용할 수 있다.
3. 여러 희망 직무를 분석하고 공유할 수 있다.

좋아하는 일을 하는 것이 맞는가. 잘하는 일이 맞는가. 직업을 선택하고 진로를 선택하고자 하는 많은 사람이 이야기하는 오랜 화두 중 하나이다. 아마도 이는 실패 없는 진로 선택을 위한 고민 중 하나일 것이다. 그래서 앞서 내가 잘하는 일과 좋아하는 일을 분석하는 여러 과정을 거치며 나와 딱 맞는 일이 무엇인지 찾으려 노력하지 않았는가. 과연 무엇이 맞을까? 대중에게 인기 있는 유명 요식업 대표이자 방송인의 말을 빌리자면 자기가 좋아하는 일을 제일 잘하는 것이 쉬우며 그래서 좋아하는 일을 해야 한다고 말한다. 그럼 성공한 유명인의 말처럼 좋아하는 일을 선택하는 게 좋을까? 이 질문에 대한 정답이 없다는 것을 모두가 알 것이다. 하지만 정답이 없음을 알고 있음에도 진로결정을 할 때 이 고민을 너무나 많이 하고 있고 중요하게 생각하고 있다. 마치 이 질문에 답변을 하면 모든 것이 해결될 것이라 생각하는 듯 말이다. 정답은 없지만 다만 확실히 말 할 수 있는 것이 한 가지 있다. 오랜 기간 심사숙고해서 좋아하는 일 혹은 잘하는 일을 선택했을지라도 그 선택을 후회하거나 실패했다고 여기는 사람은 많이 있다는 사실이다. 그들의 공통점은 본인이 선택한 일을 잘 알지 못했다는 것이다.

좋아하는 일? 잘하는 일? 이 문제에 대한 고민은 그 정도 했다면 이제 그만 하자. 이제는 잘 알고 있는가?에 대한 물음에 답할 차례이다.

취업포털 사이트 잡코리아에서 국내 기업 인사담당자를 대상으로 조사한 결과 신입사원 10명 중 3명은 그해에 퇴사한 것으로 조사됐다. 신입사원 퇴사율은 30.2%로 퇴사 이유 중에는 '연봉이 낮아서'가 가장 많았고, 다음으로 직무가 적성에 맞지 않아서, 그리고 실제 업무가 생각했던 것과 달라서, 막상 일을 해 보니 업무 강도가 너무 높아서 등의 사유가 많았던 것으로 드러났다. 그 밖에 소수의 의견 중엔 복리후생이 만족스럽지 않거나 야근이 많아서 등 기업 내 분위기 및 문화와 관련된 답변이 있었다. 이 조사를 보면 기업에 입사한 사회초년생 혹은 신입사원들이 직무와 입사한 기업의 환경에 대한 사전 정보 부족으로 인해 어려움을 겪고 있음을 알 수 있다. 모두 내가 하게 될 일, 하고 싶은 일에 대해 더 알아보지 못해서 일어난 일이 아닌지 생각해 볼 수 있다.

여러분이 선택한 내가 좋아하는 일, 그리고 내가 잘 하는 일에 대해 이제 잘 알아볼 차례이다.

1 직무에 대해 알아보기

최근 채용 시장에서 가장 눈에 띄는 단어는 '직무 역량'일 것이다. 이는 모든 것을 잘하는 인재가 아닌 지원 직무에 딱 맞는 역량을 갖춘 인재를 채용하겠다는 기업의 의지를 표현한 단어이다. 내가 희망하는 직무에 대해 정확히 알지 못한다면 당연히 해당 직무 역량도 제대로 알기 어렵다. 지원 직무에 대한 분석이 절실히 필요한 이유가 여기 있다.

직무 분석 방법 5가지를 알아보며 희망 직무에 대한 탐색을 하도록 하자.

1) 직무 분석 5가지 방법

(1) 포털사이트 및 직무정보 제공사이트 활용

가장 간단하면서 쉽게 정보를 얻을 수 있는 방법은 포털사이트를 이용해 해당 직무를 검색해 보거나 직무 정보를 제공하는 여러 사이트를 활용하는 방법이다. 흔히 많이 사용하는 사이트는 고용노동부에서 제작한 워크넷(www.work.go.kr)이다. 다양한 직업정보를 제공하고 있으며 전망이나 근무 환경 등을 알 수 있어 활용하면 좋다.

워크넷 활용법

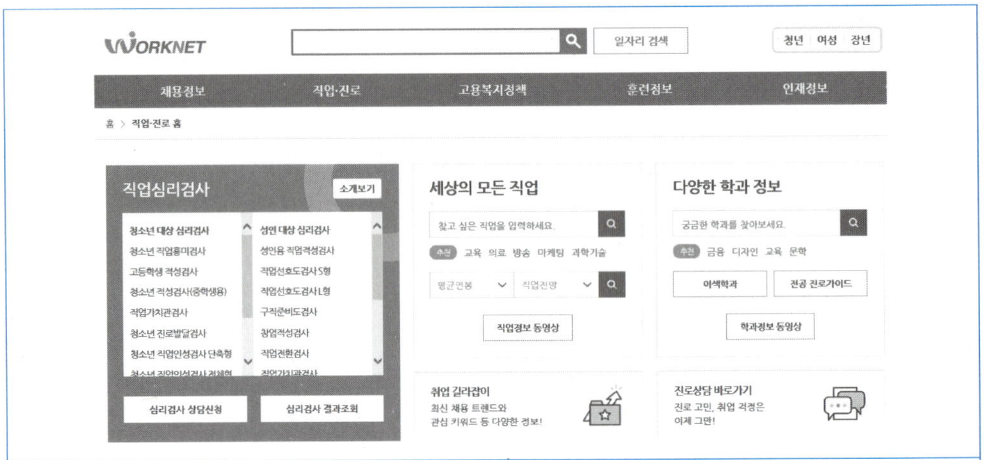

물리치료사

요약하기 | 하는 일 | 교육/자격/훈련 | 임금/직업만족도/전망 | 능력/지식/환경 | 성격/흥미/가치관 | 업무활동

하는 일	의사의 진단 및 처방에 따라 한의사의 진단 및 처방에 따라 환자에게 운동, 열, 전기, 광선 등의 물리적인 방법을 적용하여 신체기능 장애나 통증을 완화, 회복시키는 것과 관련된 업무를 수행한다.		
교육/자격/훈련	**관련학과**	**관련자격**	**훈련정보**
	물리치료학과 작업치료학과 재활학과	물리치료사(국가전문)	물리 및 작업 치료사
임금/직업만족도/전망	**임금**	**직업만족도**	**전망**
	하위(25%) 2,695만원 중위값 2,950만원 상위(25%) 3,563만원	72.7%	감소 (3%) 현상유지 (32%) 증가 (64%)

출처: 워크넷 홈페이지

다음은 NCS 사이트(www.ncs.go.kr)를 통해 알아볼 수 있다. 직무 관련 내용을 알 수 있을 뿐 아니라 공공기관 또는 공기업에서 제시하는 직무 기술서를 통해 기업에서 알려주고자 하는 직무에 대한 내용을 확인할 수 있어 더욱 도움을 받을 수 있다. NCS 홈페이지에서는 워크넷과 달리 키워드로 검색도 가능하지만 직무 분류를 통해 보다 세세하게 직무 분석을 할 수 있다. 분야별로 중분류, 소분류, 세분류를 선택하고 검색하여 원하는 직무에 대한 분석을 해 보자. 단, 몇몇 직무 중에는 여전히 개발 중이어서 아직 세부 직무에 대한 정보를 제공하지 않고 있다. 이는 다른 직무 탐색 방법을 활용하여 분석해야 한다.

NCS 홈페이지 활용법

출처: NCS 홈페이지

이외에도 직무 정보를 제공하는 사이트 2가지를 더 살펴보자.

R팡(www.rpang.com) 활용법

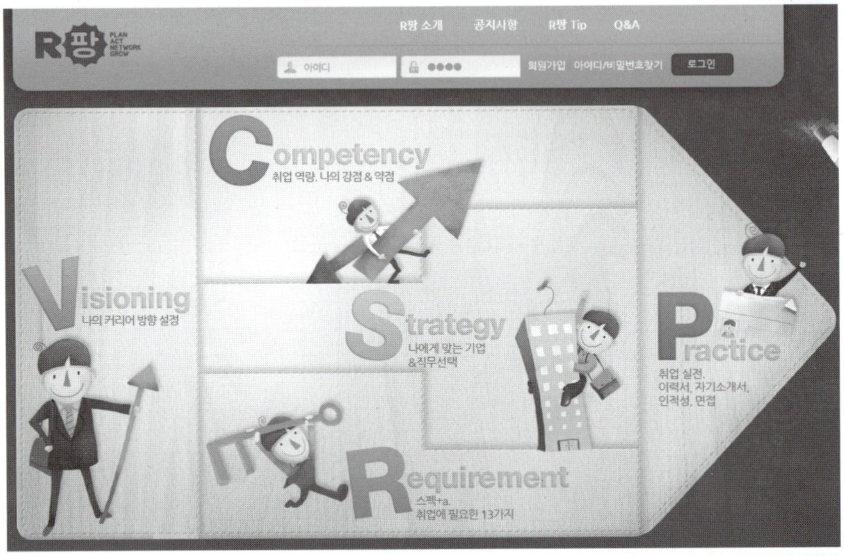

잡이룸(www.joberum.com) 활용법

출처: R팡, 잡이룸 홈페이지

(2) 기업 홈페이지 이용

두 번째 직무 분석 방법은 기업에서 제공하는 직무 정보를 탐색하는 것이다. 특히 기업에 따라 다르지만 기업 내 채용 사이트가 따로 존재한다면 채용 사이트에서 직무 정보를 얻을 수 있다. 기업에서 직무 정보를 제공하는 방법은 점점 다양해지고 있다. 직무에 대해 간단하게 설명하거나, 사내 직원 인터뷰 혹은 해당 직무 종사자의 하루 일과를 영상 촬영해 이를 게시한 기업도 있다. 기업에서 이와 같은 정보를 제공하는 이유는 지원자들에게 자신이 지원할 직무에 대해 명확히 살펴보고 지원하라는 의미이다. 우리는 이 자료를 잘 활용할 필요가 있다.

기업 홈페이지 활용법

출처: 현대자동차 인재채용 홈페이지

기업 홈페이지 활용법

#Dec2018　Media　CJ Now　Brand　CSV　CJ소개　인재채용

채용정보　지원자도우미　My Page

채용공고
직무정보
CJ인 인터뷰

직무정보　채용정보　지원자도우미　My Page

품질관리

ROLE

'내가 만든 제품을 내 친구와 부모님들이 먹는다'는 생각으로 제품의 출시 전, 후 제품의 품질을 유지합니다.

누구나 안전하게 그리고 맛있게 우리 제품을 즐기실 수 있도록 신제품 출시 전에 제품의 문제나 이슈를 각 유관부서와 회의하고 공유하여 추후에 있을 품질문제를 사전에 방지하고, 출시 후에는 사소한 고객들의 불만이나 이슈 사항들에 빠르게 대응하여 내가 만든 제품이 가장 깨끗하고 안전하다는 자부심을 가지며 일하는 것이 품질관리입니다.

QUALIFICATION

제품에 대한 전반적인 이해와 사전 Risk 예방을 위한 다각도적이고, 폭넓은 사고가 필요합니다.

품질관리는 제품의 어떤 부분에서 사고가 발생되거나 이슈가 생길지 모르지만 그것들을 예상하여 사전에 방지하고, 예상하지 못했던 이슈 발생시 빠르게 해결해 나갈 수 있는 사고가 필요합니다. 그리고 제품의 전반적인 이해와 특성을 파악하여 고객들에게 제품 이해를 돕고, 나아가 더 좋은 제품이 생산되도록 도와주는 도우미 역할입니다.

품질관리는 다른 유관부서와의 커뮤니케이션이 많이 필요한 직무이므로 적극적인 대인관계 능력이 필요합니다.

어느 곳에서나 혼자 일하는 직무는 없겠지만, 특히 품질관리 업무는 개발자들부터 생산팀, 생산지원팀, 영업팀, 마케팅팀까지 모든 팀들과 커뮤니케이션이 필요한 직무입니다. 직무를 하기 위해서는 회의를 주체하고, 각 유관부서의 의견을 귀담아 주고, 생산에 반영될 수 있도록 조율하는 것 역시 품질관리의 주된 업무입니다. 그러므로 소극적인 태도가 아닌 적극적인 자세로 대인관계를 구축해 나갈 수 있는 커뮤니케이션 능력이 필요합니다.

CAREER PATH&VISION

생산에 전반적인 내용부터, 원료 수급, 제품개발까지 모든 업무를 두루 배우고, 익혀 나갈 수 있습니다.

많은 유관부서와의 잦은 커뮤니케이션과 연계를 통해 다른 부서의 업무까지 배울 수 있는 직무이기 때문에 제조에 관해서는 추후에 가장 잘 아는 마스터가 될 수 있으리라 봅니다. 아울러 품질적인 업무의 완벽함을 추구하는 직무 태도를 통해 나의 역량이 올라가는 것을 느낄 수 있습니다.

제조 업무에 대한 높은 이해를 바탕으로 제조분야의 최고 경영자의 길을 걸을 수 있습니다.

계속적인 커리어 성장과 직무 능력 향상은 곧 나무가 아닌 숲을 보는 시야를 갖게 되고, 아울러 모든 것들을 알고 있기 때문에 그 어떤 누구보다도 제조에 자신감을 가지고 이끌어 갈 수 있는 공대 CEO가 될 수 있는 좋은 직무라고 봅니다. 그러기 위해선 끊임없는 업무에 대한 이해와 공부가 필요할 것입니다.

채용정보 ▾ 지원자도우미 My Page

INTERVIEW
(품질관리 직무, 2013년 하반기 입사자)

CJ는 가족입니다. 언제 어디서나 CJ를 만날 수 있고, 앞으로 CJ라는 가정에 에 소속되어 언제나 같이 할 수 있는 가족이라고 생각이 듭니다.

Q. 현재 담당하고 계신 직무에 대해 소개 부탁 드려요.

현재 쁘띠첼 스윗롤 품질관리 업무를 맡고 있습니다.스윗롤 제품의 좋은 질을 유지하도록 노력하며, 안전하게 고객에게 전달될 수 있도록 하는 것이 품질관리 업무입니다.

Q. 어떤 동기를 갖고 해당 직무에 지원하게 되었나요?

식품의 가장 중요한 부분은 맛이 될 수도 있지만 '안전한가?' 라는 생각을 했었습니다. 안전한 식품을 만들고, 품질적인 관리를 하는 데 있어서 성취감을 얻을 수 있으리라 판단되어 품질관리 직무를 택했으며, 내가 만든 제품을 매장에서 만나는 장면을 상상하며 지원하였습니다.

Q. 특별히 CJ, 그리고 해당 계열사를 선택한 이유가 있나요?

생활 편의시설 기반으로 언제나 마주치는 CJ logo는 관심을 이끌기에 충분했다고 판단됩니다. 관심을 가지고 알아보았을 때, 다양한 계열사와 함께 시너지 효과를 내는 기업으로 판단되었고, 또한 조직문화 역시 '님'문화 기반으로 수평적인 기업 문화인 부분에 있어서 관심을 가지게 되었습니다. 국내 식문화를 선도하는 CJ제일제당에서 일을 하면 어떨까 라는 생각이 들었던 것 같습니다.

Q. 마지막으로, CJ인이 될 지원자들에게 한 마디 부탁 드려요.

품질관리 업무는 유관부서와 협력하는 업무가 상당히 많이 있습니다. 특히 신제품 출시는 수개월 전부터 실무자 회의를 반복 또 반복하며 더 좋은 제품을 고객에게 제공할 수 있도록 하는 일입니다. 커뮤니케이션 역량 및 품질적인 지표관리 등을 통해 나와 내 가족이 안전하게 먹을 수 있는 제품을 만들고 싶은 분들은 좋은 성과가 있으리라고 생각합니다.

출처: CJ인재채용 홈페이지

모든 기업에서 직무 소개를 게시하는 것은 아니다. 그래서 자신이 희망하는 기업의 홈페이지에 직무 소개가 없다면 타 기업의 홈페이지를 이용하는 것도 좋은 방법이다. 다만, 직무는 각 기업에 따라 조금씩은 달라질 수 있으니 다방면으로 직무를 분석하는 것이 좋다.

(3) 채용공고 활용법

구직을 위해 기업에서 인재를 언제 어떻게 채용하는지 알리는 채용공고 안내문으로 취업을 위한 첫 번째 단계에서 접한다. 하지만 여기서는 채용공고를 통해 직무 분석을 하고자 한다. 특히 채용공고는 구직자가 앞으로 희망 직무를 위해 어떤 부분을 보강하면 좋을지 알려주는 좋은 가이드라인이 될 것이다. 그래서 당장 취업을 하려고 하는 사람뿐 아니라 취업을 준비하는 사람들도 채용공고를 가까이 하는 것은 취업에 도움이 된다.

예를 들어 다음의 채용공고를 살펴보자. 음식 메뉴 개발에 관심이 있는 학생의 대부분은 당연히 조리학 전공을 하거나 조리 관련 자격증 취득을 목표로 하고 있을 것이다. 이를 준비하는 것을 필수라고 알고 있기 때문이다. 하지만 이 공고를 살펴보면 컴퓨터 활용능력 능숙자를 원하고 있다. 이는 해당 기업에서 본 직무를 수행하는 사람들은 식자재 관리를 엑셀이나 기타 OA 프로그램을 활용하는 것으로 추측할 수 있다. 그러면 다른 이들보다 경쟁력을 갖추기 위해서는 컴퓨터 OA 자격증 취득 또한 목표에 포함시키면 좋을 것이라 생각할 수 있다. 또한 인턴이나 아르바이트를 통해 관련 업무를 한 사람을 우대하는 것으로 보아 앞으로 어떤 경험을 쌓아야 할지 계획을 세울 수 있을 것이다. 이렇게 채용공고를 보면서 자신이 직무를 수행하기 위해 어떤 역량을 쌓아야 할지 예측할 수 있다.

채용공고 활용법

직영팀 및 메뉴개발팀 채용

모집부문 및 자격요건

모집부문	근무형태	자격요건 및 우대사항	근무지역	연봉
매장관리 주방보조 (소담애)	정규직/ 계약직	- 매장 관리 유(무)경험자 - 깔끔하고 용모 단정한 자 - 책임감이 강하고 진취적인 자 - 고객 중심의 서비스 마인드 소유자	서울강남점 서울홍대점 대전둔산점 대전탄방점	2,200~2,400 경력직 협의
메뉴개발팀(신입)	정규직 (신입)	- 조리학과 및 자격증 소지자 - 컴퓨터 활용능력 능숙자 - 유관업무 경험자(인턴&알바)	대전 본사	

(4) 해당직무 종사자와의 인터뷰

직무 분석의 가장 확실한 방법은 희망 직무에서 현재 일하고 있는 현직 종사자와 대화하는 것이다. 홈페이지를 통해 글로 표현하는 것의 한계가 분명 있을 것이다. 현재 일을 하고 있는 직무 종사자에게 자신이 하는 일에 대해 소개해달라고 하거나 궁금한 것을 물어봐서 충분히 알아보는 것이 구직자들에게는 가장 도움이 되는 방법이 아닐까. 업무 강도나 연봉 등의 근무 환경은 기업마다 차이가 있겠지만 업무내용에 대해서는 많이 다르지 않을 것이다. 보다 정확한 직무 분석을 원한다면 희망 기업, 지원 직무에 종사하는 현직자에게 물어보는 것이 좋겠다.

(5) 직접 경험해 보기

마지막 방법은 관심이 있거나 희망하는 직무를 직접 해 보는 것이다. 현실적으로 불가능한 일이 아닐까 생각할 수 있다. 하지만 직접 경험한다는 것은 인턴이나 아르바이트, 실습 등을 통해 직접 혹은 간접적으로 체험해 보면서 본인의 눈으로 해당 직무에 대해 확인하는 것이다.

취업 전 나의 성격이나 적성과 맞는지 확인도 가능하며 필요한 역량이 무엇인지 주요 업무가 무엇인지 확실히 알 수 있어 정말 좋은 방법이라고 생각한다. 이 방법은 직무 분석에 도움이 될 뿐 아니라 일부 기업의 경우 지원하는 직무에서 아르바이트를 한 경력을 인정하여 가산점을 주는 경우도 있다. 하지만 직접해 볼 기회가 없거나 힘들다면 아르바이트나 인턴 등을 해 본 친구들에게 도움을 청하거나 앞서 살펴 본 4가지 방법을 활용해 직무 분석을 해도 충분하다.

2 희망 직무 분석하기

워크넷을 이용한 직무 분석하기	
직무명	
하는 일	
교육/자격/훈련	
임금	
직업만족도	
전망	
능력	
지식	
업무환경	
성격/흥미/가치관	
업무 활동	

희망 직무 및 기업의 채용공고를 이용한 직무 분석하기	
기업명	
직무명	
하는 일(내용)	
필수 혹은 우대 자격	

다양한 방법으로 직무 분석하기	
※ 워크넷과 채용공고를 이용하는 방법 이외의 방법으로 직무 분석을 해 보세요.	
희망 직무(1)	
하는 일(구체적)	
관련 역량	
업무 환경 (임금, 작업 환경 등)	
필요 자격증	

다양한 방법으로 직무 분석하기

※ 워크넷과 채용공고를 이용하는 방법 이외의 방법으로 직무 분석을 해 보세요.

희망 직무(2)	
하는 일(구체적)	
관련 역량	
업무 환경 (임금, 작업 환경 등)	
필요 자격증	

CHAPTER

04

NCS 기반 채용 알아보기

04 NCS 기반 채용 알아보기

학습목표

1. NCS 기반 채용을 이해하고 설명할 수 있다.
2. 블라인드 채용을 이해하고 준비할 수 있다.
3. 취업 준비 상태를 점검하고 보완점을 찾을 수 있다.

채용에도 유행이 있다. 스펙을 강조하는 채용 방식이 유행하기도 하고 인성을 강조하는 채용이 그 해의 채용 트렌드가 될 때도 있으며, 직무 역량에 힘을 주는 채용이 유행하기도 한다. 막연히 예전 선배들이 하듯 흔히 말하는 5대, 6대 스펙을 쌓으며 취업을 준비하다간 흐름에 뒤처지고 취업도 점점 늦어질 수 있다. 유행하는 노래와 언어, 음식을 쫓아가듯 취업과 채용의 흐름도 빠르게 쫓아갈 필요가 있다.

그래서 현재 채용 시장에서 가장 화두인 'NCS'와 '블라인드 채용'에 대해 알아보며 채용 동향을 살펴보고자 한다.

1 NCS 기반 채용의 이해

NCS란 국가직무능력표준(National Competency Standards)의 줄임말로 산업현장에서 직무를 수행하기 위해 요구되는 지식, 기술, 태도 등의 내용을 국가가 체계화한 것이다. 즉, 산업현장에서 필요로 하는 기술 및 지식 등을 직무별로 표준화한 후 이를 교육훈련과 자격, 경력개발 분야에 적용시켜 인적 자원을 개발하는 데 도움을 주기 위한 것이라 보면 된다. NCS 도입 후 채용시장에 어떤 변화가 있는지 그리고 NCS 기반 채용은 무엇이고 어떤 준비를 해야 하는지 알아보자.

국가직무능력표준 개념도

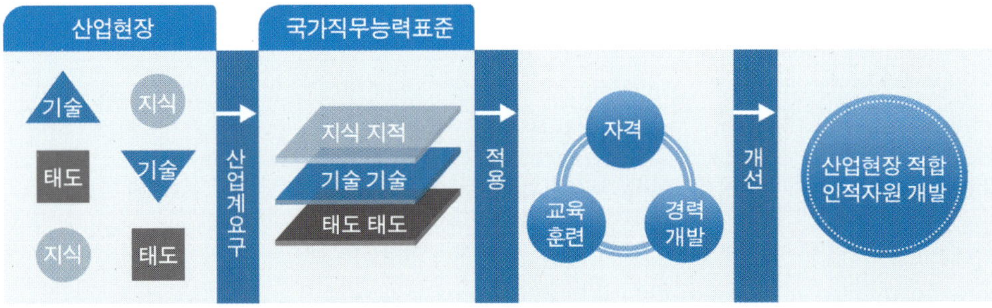

출처: 한국고용정보원

1) NCS 기반 블라인드 채용 알아보기

블라인드 채용을 알아보기 앞서 '능력중심채용'부터 알아야 한다. 능력중심채용이란 채용 대상 직무를 NCS 기반으로 분석하고, 그 결과를 바탕으로 해당직무 상세 내용 및 직무능력 평가기준을 정하여 사전에 명확하게 공지하는 채용이다. 이에 더불어 해당 평가기준을 토대로 인재를 선발하는 채용방식이다. 이 채용방식에서 강조하는 '능력'이란 일을 하는 데 필요한 요건을 '직업기초능력 및 직무수행능력'으로 구분한다.

직무능력	직업기초능력	직업인이 공통으로 갖추어야 할 능력 (10개 영역, 34개 하위영역)
	직무 수행능력	해당 직무를 수행하는 데 필요한 능력 (지식, 기술, 태도 등)

NCS 기반 블라인드 채용이란 능력중심채용을 토대로 채용과정(서류, 필기, 면접)에서 편견이 개입되어 불합리한 차별을 야기할 수 있는 출신지, 가족관계, 학력, 외모 등의 항목을 걷어내고 지원자의 실력(직무능력)을 평가하여 인재를 채용하는 방식을 말한다. 즉, 차별적인 평가요소를 제거하고 직무능력중심으로 평가하는 것이라고 정의할 수 있다. 블라인드 채용이 지원자를 평가하지 않는다는 것은 아니다. 차별요소만 제외할 뿐 오히려 이전 대비 직무 수행에 필요한 직업기초능력 및 직무능력을 더욱 강화해 평가할 것이다.

이 때문에 지원자들은 직무능력을 평가 받기 위해 여러 평가과정을 거치게 된다. 이 과정에서 기업은 NCS를 활용해 NCS에 제시된 직무별 능력단위 세부내용, 능력단위 요소의 KSA를 기반으로 평가요소를 도출한다. 또한 직무기술서와 직무명세서를 통해 기업의 인재상과 채용직무에 대한 내부 자료를 지원자에게 사전 안내해 직무에 대한 정확한 이해를 요구한다.

채용단계	기존채용
모집공고	• 채용직무, 근무지, 연봉 및 간단한 복리후생 등의 정보 제공 • 제출 기한 및 채용 절차에 대한 안내 • 다양한 평가요소 첨가(예: 토익점수 등)
서류	• 학력, 가족사항, 불필요한 스펙 등 기재 • 성장과정, 지원동기 등 일률적인 자기소개서 • 차별요소가 다수 존재하고 직무 연관성 미흡
필기	• 인성 및 일반적 인지 능력 • (언어 수리능력 등에 대한 지필검사 시행) • 전공 필기시험
면접	• 단편적 질문, 직무 수행과 무관한 내용 • 비체계적인 면접을 진행

⇩

채용단계	NCS 기반 블라인드 채용
모집공고	• 직무와 무관한 평가요소 원칙 삭제 • 채용직무의 직무내용 및 직무능력 구체화 후 사전공개 • 단, 차별적 요소가 직무 수행상 반드시 필요한 경우 예외사항으로 규정
서류	• 직무 관련성이 높은 사항 기재 • 교내외 활동, 인턴 근무경험, 직무 관련 자격증 등 • 해당 직무에서 갖추어야 하는 능력 관련 경험 등
필기	• 직무별 능력 중 지필 평가 가능한 능력 평가 (예시: [일반사무] 사무행정, [정보기술운영] IT시스템 관리) • 직업기초능력 평가 • 채용공고를 통한 필기평가 과목 공개(공정성 확보)
면접	• 개인 신상 정보를 면접위원에게 제공 금지 • 직무능력과 관련된 경험(경험 면접) • 업무수행과정에서 발생 가능한 상황에 대한 대처 방법(상황 면접) • 특정 직무관련 주제에 대한 의견(PT) 등 구조화된 면접 진행

2) NCS 기반 블라인드 채용 준비하기

NCS 기반 채용이라고 해서 일반적으로 하던 채용 준비 과정과 크게 다르지는 않다.

다만 취업 준비를 하고 입사지원을 하는 단계에서 기존 채용들과 달리 좀 더 확인해야 할 부분들이 있다. 기존 채용과 NCS 기반 채용의 차이점을 살펴보며 확인했듯 채용공고문을 확인 단계부터 면접 진행까지 바뀐 부분들이 있기에 입사지원 단계에서 준비할 부분들을 알아보고자 한다.

입사지원 단계 준비 방법	
STEP 01 채용공고문 확인하기	• 채용모집 공고문을 통해 모집분야, 채용인원, 지원자격, 근무조건, 전형일정, 우대사항 등을 확인 • 채용분야에 대한 '직무설명자료'를 통해 필요한 지식 • 기술 • 태도(KSA) 등의 내용을 명확하게 파악
STEP 02 서류전형 준비	• 공고된 '직무 설명자료'를 기반으로 입사지원서의 작성 항목을 정확하게 기입 • 채용 직무와 관련이 있는 지원자의 교육 이수내용, 자격사항, 경험 및 경력사항 등을 확인하여 작성
STEP 03 필기전형 준비	• 채용공고에서 제시된 필기과목을 파악하여 해당 유형을 준비하고, '직무 설명자료'에 제시된 직업기초능력과 직무 수행능력 등을 학습 • 능력중심채용 사이트(NCS홈페이지)에 공개된 직업기초능력 샘플 문항, 학습자용 교재 등을 참고
STEP 04 면접전형 준비	• 구조화된 면접의 주요 유형을 확인하고 이러한 유형에 대해 학습 • 채용공고문에 구체적인 면접방법이 제시되면 해당 유형에 대한 면접 준비 • '직무설명자료'에 제시된 직업기초능력과 직무 수행능력을 확인하고, 능력중심채용 사이트에 접속하여 공개된 면접 관련 예시자료를 참고하여 준비

출처: NCS 홈페이지

2 취업 준비 점검하기

이제 취업을 준비하는 단계에서 본인이 얼마나 희망 직무 혹은 기업에 지원하기 위해 노력해왔는지 점검할 차례이다. 자신이 투자한 시간과 노력이 헛된 것이 아니었는지 그리고 앞으로 어떤 부분을 강화해야 할지 알아보며 두 가지 방법으로 취업을 위한 준비를 잘해왔는지 확인해 보자.

먼저 다음의 취업준비도 확인을 통해 본인을 객관적으로 평가해 볼 것이다. 이를 위해 자신이 희망하는 기업 혹은 직무에서 요구하는 자격증 및 기타사항 등을

NCS 사이트 외 기타 취업 포털을 활용해서 검색한 후 작성해 보면 더욱 좋다. 특히 NCS 사이트에서는 합격 수기와 합격자들의 인터뷰를 잘 정리해두었으니 이를 참고하여 본인이 준비한 것과 비교해 보면 도움이 될 것이다.

취업 준비 상태 점검표

<table>
<tr><th colspan="6">취업 목표 시기</th></tr>
<tr><td colspan="6"></td></tr>
<tr><td>희망 직무</td><td></td><td>희망 기업</td><td colspan="3"></td></tr>
<tr><td colspan="2">희망 기업 인재상</td><td colspan="4"></td></tr>
<tr><td colspan="6"></td></tr>
<tr><th rowspan="2">구분</th><th rowspan="2">희망기업 합격 조건</th><th rowspan="2">현재 준비 상태</th><th colspan="3">자기 평가</th></tr>
<tr><th>완료</th><th>준비</th><th>미흡</th></tr>
<tr><td>학점</td><td></td><td></td><td></td><td></td><td></td></tr>
<tr><td>어학능력</td><td></td><td></td><td></td><td></td><td></td></tr>
<tr><td>컴퓨터 활용 능력</td><td></td><td></td><td></td><td></td><td></td></tr>
<tr><td>필수 자격증</td><td></td><td></td><td></td><td></td><td></td></tr>
<tr><td>필요한 경력(경험)</td><td></td><td></td><td></td><td></td><td></td></tr>
<tr><td>직무적성검사</td><td></td><td></td><td></td><td></td><td></td></tr>
<tr><td>준비할 취업 스킬</td><td></td><td></td><td></td><td></td><td></td></tr>
<tr><td>요구 역량</td><td></td><td></td><td></td><td></td><td></td></tr>
<tr><td>기타 (　　　　)</td><td></td><td></td><td></td><td></td><td></td></tr>
<tr><td>기타 (　　　　)</td><td></td><td></td><td></td><td></td><td></td></tr>
</table>

취업을 위한 본인의 준비 상태를 알아보기 위한 다음 방법은 SWOT 분석이다. SWOT 분석은 기업의 현재 상태를 알기 위한 분석방법으로 사용하기도 하며, 창업전략을 세우기 위한 방법으로 사용하는 등 여러 방면에서 내·외부적 환경을

분석하기 위해 사용한다. 그 중 자신의 내부적 강점과 약점, 그리고 자신에게 끼칠 외부 기회와 위협을 조사해 보며 앞으로 전략을 세우기 위한 방법으로 SWOT 분석을 사용할 것이다.

S(강점)는 내가 가진 자원 혹은 속성 중에서 뛰어나며 내세울 수 있는 강점을 작성한다. 이때 희망하는 직무와 기업에 취업하기 위해서 어떤 강점을 가졌는지 위주로 쓰면 된다. W(약점)는 취업하기 위해 내가 가진 자원이나 속성 중 뒤떨어지거나 극복해야 하는 약점을 작성하면 된다. O(기회)는 내면이 아닌 외부 환경에서 나에게 찾아올 수 있는 그리고 이용해야 할 기회를 말한다. 현재 취업동향이나 산업동향 등에 따라 얼마든 바뀔 수 있는 부분이다. T(위협)는 외부 환경에서 나에게 올 수 있는 그래서 회피해야 할 위협을 의미한다. 이 역시 최근 경제동향이나 사회 분위기 등에 따라 변화 가능한 부분이다.

예시)

희망 직무(영업관리)와 희망 기업(OO자동차) 취업을 위한

SWOT 분석

Strength(강점)	Weakness(약점)
• 리더십이 강함(학생회장, 동아리 회장) • 다양한 봉사활동을 함(노인복지관 등) • 아르바이트 경험이 많음(판매직) • 자동차정비 산업기사 자격증 • 중국어 가능	• 토익 점수가 부족함 • 자기소개서를 작성하지 못했음 • 성격이 급해서 말이 빠름 • 학점이 낮음 • 게으름
Opportunity(기회)	**Threat(위협)**
• 중국어 가능자에게 가산점 • 인턴 경험자 우대하는 추세 • 자동차 전공자 우대 • 중국시장 확대로 대규모 채용예정	• 중국대학 출신자 우대 • 취업난으로 인해 높은 경쟁률 • 면접 비중이 높음 • 전 학년 학점 제출

희망 직무(   ) 와 희망 기업(   ) 취업을 위한

SWOT 분석

Strength(강점)	Weakness(약점)
Opportunity(기회)	**Threat(위협)**

취업 준비 상태 점검표와 SWOT 분석 결과

취업을 위한 나의 보완점 찾아보기

CHAPTER

05

입사서류 준비하기

05 입사서류 준비하기

학습목표

1. 이력서 작성의 중요성을 이해하고 작성할 수 있다.
2. 자기소개서 작성 시 유의사항을 이해하고 작성할 수 있다.
3. 입사서류 제출 전 체크리스트를 통해 자신의 서류를 점검할 수 있다.

1 입사서류의 이해

1) 이력서 작성의 중요성

최근 공무원이나 공공부문 채용 시 '블라인드 채용'를 실시하도록 하면서 이력서에 많은 변화가 생길 것으로 보이며, 이미 변화된 이력서를 쉽게 찾아볼 수 있게 되었다. 가장 크게 변화한 부분은 기존 이력서에서 쉽게 볼 수 있었던 지원자의 개인정보에 관한 내용이 대폭 축소되어 이름, 주소, 연락처, 이메일주소를 제외한 지원자의 개인정보는 이력서에서 찾아볼 수 없게 되었다. 사진, 키, 체중 등의 신체적인 정보들과 본적이나 가족관계, 학력까지 기존 이력서에서 볼 수 있었던 개인정보를 기재하는 란이 사라진다는 것이다. 다음에 제시한 두 가지 이력서 양식을 통해 이를 확인할 수 있을 것이다. 공공기관뿐만 아니라 민간기업에도 권고하는 상황에서 블라인드 채용은 계속해서 확산될 것으로 보인다.

하지만 정부의 블라인드 채용 의무화 방침 발표에도 불구하고, 취업포털 인크루트의 '인사담당자가 채용에서 중시하는 이력서 항목' 리서치에 따르면 인사담당자들이 가장 중요하게 검토하는 항목 1위는 '출신 대학 및 전공'으로 76%의 응답자가 이 부분을 가장 고려하겠다고 꼽았고, 이어 '학점'과 '어학성적 · 자격증'이 2위로 나타났다. 이는 블라인드 채용형 이력서가 완전히 도입되기까지는 시간이 걸릴 것이라는 증표이기도 하다.

다양한 채용방식이 도입되고 많은 변화가 예상되는 시기인 만큼 지원자는 희망하는 기업의 이력서 양식이 어떤지 지원 전 미리 알아보고 이에 따라 철저히 준비하는 것이 중요하며 채용동향에 늘 민감할 필요가 있다.

고용노동부 표준이력서 양식

표준 이력서(안) 및 자기소개서

(1쪽)

<필수>

한글			
한자			
영문			
주소 (우편번호) (현거주지)			
연락처	전화번호	전화	휴대전화
	전자우편		
주요 경력사항	회사명	담당 업무(직무내용)	근무기간(연, 월)
			년 월 ~ 년 월
			년 월 ~ 년 월
자격증 및 특기사항	관련 자격증		(년 월 취득)
			(년 월 취득)
자기소개 등 활동사항			

저소득층 여부	구분	「국민기초생활보장법」상 수급자	「한부모가족지원법」상 보호대상자
	해당여부		

※ 해당직종에 맞는 특기, 행위, 연구실적, 특허 등 항목 마련

| 일반 이력서 양식

입 사 지 원 서

사 진 3 * 4	인적사항	성명	한 글		지원부문	지원분야	
			한 문				
			영 문			희망연봉	
		생년월일		-			
		연 령		만 세			

연락처	주 소		전화번호	( ) -
	이 메 일		휴 대 폰	- -

학력사항	입학년월	졸업년월	학교명	학과명	소재지	평균학점
	년 월	년 월	고등학교	과		-
	년 월	년 월	(전문)대학	과		/ 점
	년 월	년 월	대학교	과		/ 점
	년 월	년 월	대학원(석)	과		/ 점
	년 월	년 월	대학원(박)	과		/ 점

경력사항	입사년월	최종근무년월	근무기간	근무처	담당업무	최종직위
	년 월	년 월	개월			
	년 월	년 월	개월			
	년 월	년 월	개월			
	년 월	년 월	개월			

병역	입대년월	제대년월	복무기간	병역구분	군별	병과	계급	면제사유
	년 월	년 월	개월	필/미필/면제				

자격사항	취득년월	발급기관	자격명	수상경력	수상년도	단체	수상내용
	년 월				년		
	년 월				년		
	년 월				년		

어학능력	취득년월	외국어명	TEST명	성적	대외활동	활동기간	내용 (봉사활동,연수등)
	년 월					년 월 ~ 년 월	
	년 월					년 월 ~ 년 월	
	년 월					년 월 ~ 년 월	

2) 전략적인 이력서 작성

(1) 사진

최근 기업에서 입사지원 서류 제출 시 개인정보에 대해 최소화해 입력하게 하면서 가장 먼저 사라지고 있는 부분이 증명사진을 입력하던 부분이다. 국내 대기업 및 공기업을 포함한 일부 기업을 시작으로 점차 많은 기업이 입사지원 시 증명사진을 요구하지 않고 있다. 하지만 여전히 사진 첨부를 원칙으로 하고 있는 기업이 있으며, 이를 중요하게 생각하기도 한다.

이력서에 첨부하는 증명사진에서 평가하고자 하는 점은 지원자의 외모가 절대 아니다. 기업은 서류를 통해 처음 지원자와 대면하는 만큼 사진으로 지원자의 첫인상을 평가할 수 있다. 또한 이때 사진을 통해 지원자가 해당 직무에 어울리는 이미지인지 알아볼 수도 있을 것이다. 그래서 지원자는 희망하는 기업의 이력서 자사 양식을 먼저 확인해 본 후 사진을 요구하는지 먼저 알아보고 준비하도록 한다. 잘 준비된 증명사진은 지원자가 해당 기업에 취업하기 위해 어느 정도 준비했는지를 보여주기도 하므로 미리 준비해두는 것이 좋다.

(2) 인적사항

이력서 양식에서 볼 수 있는 주요 인적사항은 성명, 주민등록번호, 나이, 주소, 전화번호, 전자우편 등이다. 이 내용 중 현재는 「개인정보보호법」에 의거해 주민등록번호를 기입하던 칸은 없어졌고, 호주와 관련된 사항을 작성하는 칸도 사라졌다. 최근 입사지원 서류에는 최소한의 본인을 확인할 수 있는 정보만을 작성하도록 되어 있다.

먼저 성명에 한글, 영문, 한문을 함께 작성하도록 되어 있다면 영문은 여권상의 영문명을 기입하며, 한문은 주민등록증을 확인하고 작성하도록 한다. 전화번호는 본인이 평소에 통화 가능한 휴대전화 번호를 쓰되 일반 전화번호를 작성하는 칸이 있다면 본인과 연락이 안 될 비상 시 연락을 할 만한 가족이나 주변 지인의 연락처를 기재할 수 있다.

전자우편 역시 자주 사용하고 있는 이메일주소를 기입해 즉시 확인할 수 있도록 하며 장난스럽게 만든 주소라면 지원하기 전 계정을 바꾸는 것도 좋은 방법이다.

(3) 자격증

자격증은 작성 순서에 따라 기입하는 것이 좋다. 지원 직무와 가장 연관된 자격증을 우선 작성하며 가능하면 직무와의 관련성이 많이 낮은 자격증의 경우 적지 않아도 무관하다. 이어 최근에 취득한 자격증을 상위에 작성하도록 한다. 기업의 인사담당자는 지원자가 최근에 취득한 직무 관련 자격증이 무엇인지 궁금하며 지원 직무를 수행하기 위해 노력한 점을 이 항목을 통해 보기도 한다. 또한 자격증 취득연월일과 발급기관에 대해 정확하게 기입해야 하며 최종합격했으나 자격증이 미발급된 경우 취득연월일 칸에 발급예정이라고 기입한다.

| 자격증 예시

	자격증	취득연월일	발급기관
자격증	직업상담사 2급	최종합격 (발급예정)	한국산업인력공단
	운전면허 1종 보통	2018년 12월 6일	부산시 경찰청

(4) 경력사항

자격증과 유사하게 경력사항 역시 지원 직무와 연관된 경력을 우선으로 작성해야 한다. 또한 최근 근무 경력을 가장 위에 작성하며 본인이 기재한 경력사항은 서류합격 이후 증빙자료를 제출할 수 있는 부분만 작성하는 것이 좋다. 근무기간은 정확하게 작성하며 현재 근무 중일 경우 최종 근무 기간을 서류제출일(현재)로 작성하거나 한글로 '현재'라고 작성한다.

직위는 퇴사 직전 직위를 기입하며 직무 내용 혹은 주요 업무 실적에 대해서는 구체적으로 작성한다. 아르바이트와 같은 단기 경력의 경우 되도록 적지 않는 것이 좋으나 신입 지원자는 실습, 인턴 등과 같은 단기 경력은 작성하도록 한다.

| 경력사항 예시

	근무처	근무기간	직위(급)	주요업무내용
경력사항	OO기업	2016년 12월 2일~ 2018년 5월 15일	대리	상품 홍보 및 마케팅 전반
	㈜OO	2015년 11월 13일~ 2016년 11월 30일	사원	상품재고정리 및 발주

(5) 대외활동 및 수상내역

지원 희망하는 직무와 관련된 활동과 수상내역을 상위에 작성하며 경력사항과 마찬가지로 대외 활동은 어떤 일을 했는지 작성해야 한다. 맡은 직책이 있었다면 직책 또한 쓰는 것이 좋다. 또한 모두 직무와 관련된 활동이라면 최근에 한 활동을 가장 먼저 작성하도록 한다.

| 대외활동 예시

	활동기관	활동기간	주요활동내용
대외활동	부산국제영화제	2017년 9월 4일 ~ 2017년 9월 18일	영화제 현장 안내 및 의전 도우미 외국인 관광객 통역 서비스
	서울시 주관 〈사랑의 밥차〉	2016년 1월 14일~ 2018년 8월 20일	(매주 주말) 식자재 운반 및 구매 음식 배식 및 청소 등

(6) 기타 사항

취업지원대상자에 해당하는 지원자는 다음과 같다. 「독립유공자에 관한 법률」 제16조, 「국가유공자 등 예우 및 지원에 관한 법률」 제29조, 「보훈보상대상자 지원에 관한 법률」 제33조, 「5 · 18민주유공자 예우에 관한 법률」 제20조, 「특수임무유공자 예우 및 단체설립에 관한 법률」 제19조에 의한 취업지원대상자 그리고 「고엽제후유의증 등 환자지원 및 단체설립에 관한 법률」 제7조에 의한 고엽제후유의증 환자와 그 가족에 해당하는 경우 보훈번호를 기재하면 된다.

장애인의 경우 다음의 기준에 따라 장애인 증명서상의 내용을 기재하면 된다. 「장애인복지법시행령」 제2조에 따른 장애인 및 「국가유공자 등 예우 및 지원에 관한 법률 시행령」 제14조 제3항에 따른 상이등급기준에 해당하는 자일 경우 작성하면 된다.

저소득층 대상자의 경우 해당 여부란에 'O'로 표시를 하고, 저소득층의 기준은 「국민기초생활보장법」에 따른 수급자 또는 「한부모가족지원법」에 따른 보호대상자에 해당하는 기간이 급여 수급 시작일로부터 원서접수 마감일(0000.00.00.)까지 계속하여 2년 이상인 사람이다.

2 자기소개서 작성 기초다지기

1) 자기소개서 작성의 중요성

최근 바뀐 이력서를 통해서는 자신에 대해 많은 것을 드러내는 것은 쉽지 않다. 그래서 서류전형에서 남들과 다른 나만의 경험과 강점을 여실히 드러낼 수 있는 부분은 자기소개서 부분일 것이다. 이에 따라 기업에서는 자기소개서를 더욱 중요하게 생각할 수밖에 없다. 블라인드 채용이 강화되면서 몇몇 기업에서는 지원자의 학력이나 어학점수 등을 가리고 직무 관련 경험과 교육 그리고 직무 역량을 표현한 자기소개서를 중점적으로 보며 지원자를 평가하고 있다. 자기소개서는 서류전형에서 가장 중요한 부분이라는 것에 취업준비생들 역시 동의할 것이다. 그리고 중요한 만큼 가장 어려운 부분 역시 자기소개서라는 것도 인정할 것이다.

2) 자기소개서 작성 전 준비사항

(1) 나에 대한 탐색

지원자들은 자기소개서 작성을 위해 컴퓨터 앞에 앉아 무엇을 먼저 써야 할지 몰라 막막했던 경험이 있었을 것이다. 자기소개서 작성을 하고자 하는 취업준비생이라면 작성에 앞서 먼저 해야 할 일이 있다. 나에 대한 탐색이다. 지금까지 내가 한 다양한 경험에 대한 정리, 나를 어필할 수 있는 나의 강점과 차별화된 특이점을 노트에 작성해 보자. 세세하고 구체적으로 경험을 정리할수록 자기소개서 작성 시 많은 도움이 될 것이다. 그리고 경험을 작성해 보면 자신이 어디에 관심이 많았는지 직무 수행을 위해 어떤 일을 해왔는지 한 눈에 정리될 것이다.

자기소개서 작성 전 다음의 [강점 리스트]를 참고해 본인의 강점을 찾아보고 [시기별 주요 경험 정리]에 모든 경험을 정리해 보자.

강점 리스트				
도전	끈기	적응력	의지	열정
창의력	상상력	통찰력	실천력	추진력
유머	호기심	신중함	꼼꼼함	분석력
성실	책임감	신뢰	정직	몰입
친절	공감	친화력	솔선수범	배려
협력	긍정적	리더십	주인의식	목표의식
경청	자립심	기본충실	계획성	의사결정
위기대처	설득력	소통능력	문제해결	유연성
개방적 사고	자기계발	인내심	융통성	글로벌마인드
센스	순발력	규칙준수	응용력	차별성

시기별 주요 경험 정리

시기	학업	학업 외 활동(동아리 등)	개인활동(여행, 아르바이트 등)
대학교			
고등학교			

(2) 직무와 기업에 대한 탐색

나에 대한 탐색을 완료하면 희망하는 직무와 기업에 대한 조사가 필요하다. 직무 분석과 기업 분석으로 해당 직무 수행을 위해 필요한 점들과 직무 수행에 도움이 되는 역량이 무엇인지 알아보고 기업의 주요사업과 핵심가치나 인재상을 파악해야 한다. 모든 조사가 끝나면 마지막으로 다음의 워크시트를 이용해 나와 직무와 기업의 공통점을 찾아보자.

나와 직무 & 기업의 공통점 찾기

나의 강점	나의 경험	직무 역량	기업의 인재상
•	•	•	•
•	•	•	•
•	•	•	•
•	•	•	•
•	•	•	•
•	•	•	•

3) 자기소개서 작성 시 유의사항

자기소개서는 무엇을 했는지를 나열하는 일기나 설명문이 아니라는 것을 기억하자. 자기소개서는 지원자가 강조하고 싶고 말하고자 하는 의도를 정확하게 표현하는 논설문에 가깝다. 자신의 주요 역량과 강점이 명확하게 상대에게 전달되고 상대방을 충분히 설득할만한 근거가 가득한 자기소개서가 잘 쓴 자기소개서라고 할 수 있다.

자기소개서 = 논설문 (**"나를 뽑아라! 후회하지 않을 것이다!"** 라는 의도가 분명히 포함되어 있고 이를 설득시켜야 한다.)

자신의 의도를 분명하게 전달하고 상대방을 설득하기 위해서 여러 유의사항을 살펴보겠다.

(1) 두괄식 글쓰기

자기소개서를 작성하면서 가장 먼저 알고 있어야 할 부분은 두괄식 글쓰기를 해야 한다는 것이다. 두괄식 글쓰기란 해당 문단에서 가장 핵심이 되는 문장을 앞부분에 작성하는 것이다. 이렇게 작성할 경우 읽는 사람이 글을 쓴 사람이 중요하게 생각하는 부분을 가장 먼저 그리고 쉽게 찾을 수 있다는 큰 장점이 있다. 그러므로 인사담당자가 지원자가 어필하고 싶은 문장을 쉽게 읽고 찾도록 두괄식으로 작성하는 것이 좋다.

(2) 글쓰기 구조 알기

두괄식 글쓰기에 연장선으로 자기소개서 작성에 있어서 구조가 있다는 것을 알아야 한다.

다음에 제시한 구조 [A-B-A']는 자기소개서 작성 시 기본이 되는 원칙이라고 생각해도 좋다.

A-B-A'

[A]에는 두괄식에서 이야기한 글을 쓰는 해당 항목에서 이야기하고자 하는 주제이자 지원자가 가장 어필하고자 하는 부분을 작성한다. 이어 [B]에는 주제를 뒷받침해 줄 근거가 되는 경험을 구체적으로 작성한다. 마지막 [A']는 어필하고자 하는 주제를 다시 한 번 작성해서 인사담당자의 기억에 남도록 하는 부분이다.

예를 들면, 성격의 장점을 작성하는 항목에서 다음과 같은 구조로 작성하면 된다.

> A: 정리정돈을 잘하는 것은 저의 큰 강점입니다.
> 병원에서 실습을 하며 저의 장점을 잘 발휘해 인정받은 적이 있습니다.
> B: 대학교 3학년 OO병원에서 실습을 하던 중 병원에서 기자재 장부에 적힌 물품 개수와 실제 물품 개수가 맞지 않아 혼란을 겪었던 일이 있었습니다. 그래서 저는 라벨지를 가지고 와서 누구나 보기 편하고 잊을 수 없도록 크게 물품명을 작성해 정리정돈을 새로 했습니다. 이에 간호사 선생님들께 크게 칭찬을 받을 수 있었습니다.
> A': 항상 주변을 돌아보며 정리정돈을 잘해 모두가 일하기 좋은 환경을 만들도록 노력하겠습니다.

(3) 강점을 어필할 수 있는 경험 작성하기

지원자의 직무 적합성을 평가하기 위해서 관련 자격증이나 관련 경력을 보기도 하지만 이들 못지않게 중요하게 보는 것이 직무 관련 경험 혹은 지원자의 강점을 발휘한 경험이다. 그러므로 지원자는 본인의 경험을 구체적으로 작성할 필요가 있다. 또한 경험을 잘 작성해야 하는 이유는 또 있다. 많은 지원자가 스스로의 강점을 어필하면서 그 강점을 발휘한 경험은 작성하지 않는 경우가 많다. 이럴 경우 인사담당자는 해당 지원자의 강점을 믿을 만한 근거가 없으므로 이 강점은 신빙성을 잃게 되므로 반드시 강점을 뒷받침할 경험을 작성하는 것이 필요하다.

(4) 지원 직무가 명확히 드러나는 내용

좋은 자기소개서는 읽는 사람이 지원자의 지원 분야를 확인하지 않고 읽더라도 지원하는 직무가 명확히 드러나는 것이다. 지원 직무가 잘 표현된 자기소개서를 작성하기 위해서는 우선 해당 직무에 대한 철저한 분석을 통해 직무 역량을 찾고, 직무가 요구하는 역량이 자기소개서에 표현이 되어 있는지 살펴봐야 한다. 또한 직무와 연관성이 높은 교내외 활동을 포함한 여러 경험을 풍부하게 작성해 직무 적합성을 높일 수 있는 자기소개서를 작성하도록 한다.

(5) 식상한 표현이나 빌려온 표현 피하기

자기소개서의 주체는 '나'가 되어야 한다. 내가 한 활동과 내가 느낀 감정, 나의 강점 등 나에 대한 소개를 위한 것이 자기소개서이다. 하지만 몇몇 지원자들은 합격한 친구의 자기소개서나 인터넷에서 찾을 수 있는 합격 자기소개서의 한 구절을 그대로 인용해 본인의 이야기처럼 작성하는 경우가 있다. 이렇게 할 경우 누구나 사용하는 식상한 구절을 인용할 경우가 있으며 많은 양의 자기소개서를 읽는 다수의 인사담당자는 이를 쉽게 판단할 수 있다. 또한 나의 이야기가 아닐 경우 서류합격은 할지도 모르나 면접에서 거짓 경험에 대한 심층 질문으로 가짜 경험이 드러나게 될 수도 있음을 명심해야 한다.

(6) 자신을 120% 표현하기

자기소개서는 '나'라는 상품을 '인사담당자'라는 고객에게 소개하는 것에 비유하기도 한다. 그만큼 지원자가 스스로를 적극적으로 어필하라는 의미라 생각하면 된다. 그러므로 재차 강조하지만 자신의 강점과 경험을 사전에 정리해두고 기업에서 요구하는 인재와 희망 직무가 요구하는 역량이 무엇인지 조사해두는 것은 매우 중요하다. 그리고 자기소개서를 쓰면서 본인이 정리해둔 강점과 경험을 모두 표현할 수 있도록 노력해야 한다. 또한 본인의 강점과 직무 역량을 열심히 소개하는 데 그치지 말고 소극적이고 자신감이 없어 보일 수 있는 표현이 아닌 자신감 넘치고 당당한 표현을 사용할 필요가 있다. '비록 ~ 부족하지만', '~경험이 없지만', '~인 것 같습니다' 와 같은 자신감 없는 표현을 사용하지는 않았는지 다시 검토해 보길 바란다.

(7) 완벽한 자기소개서 만들기

입사지원서에서 인사담당자는 지원자의 스펙이나 직무 적합성만 보려고 하는 것은 아니다. 이력서와 자기소개서를 통해서 지원자의 OA사용능력이나 업무수행 시 얼마나 꼼꼼하게 일을 처리하는 성격인지도 평가 가능하다. 이런 면에서 저평가되지 않으려면 사소한 실수가 있으면 안 될 것이다. 오타, 요청한 질의에 대한 무성의한 답변이나 빈칸, 줄 맞춤 실수, 지원 기업의 이름을 틀리는 등의 실수가 있지는 않은지 계속해서 확인할 필요가 있다. 작성 후 여러 번 검토하고 수정하는 것을 반복해야 하며 이 과정에서 중복되는 말이 많지는 않은지 띄어쓰기나 오타가 없는지 확인하며 본인이 확인하지 못하는 실수가 있을 것에 대비하여 지인에게 읽어 보고 수정할 부분이 없는지 부탁하는 것도 좋은 방법이다. 오타와 더불어 줄임말도 조심해야 한다. 지원자가 가장 많이 실수하는 줄임말은 '알바', '자소서', '과대', '총학' 등이 있다. 혹여나 진중함이 떨어져 보일 수도 있으니 이런 줄임말은 사용하지 않는 편이 낫다.

(8) 자기소개서 작성 후 서류 제출 전 최종 점검사항

이력서와 자기소개서 작성을 완료했다면 서류를 제출하기 이전 반드시 반복적인 검토가 필요하다. 다음의 체크리스트를 활용해 더욱 완벽한 입사지원서를 완성한 후 서류를 최종 제출하도록 하자.

서류 제출 전 체크리스트

- ☐ 전체 내용 중 오타는 없는가? 띄어쓰기는 정확한가?
- ☐ 기업의 명칭을 올바로 작성하였는가?
- ☐ 강점에 대한 근거(경험)를 충분히 작성하였는가?
- ☐ 기업의 인재상이 자기소개서에 표현되었는가?
- ☐ 인적 사항 작성에 실수는 없는가?(연락처, 전자우편주소 등)
- ☐ 모든 항목에 빈칸 없이 작성 혹은 입력되었는가?
- ☐ (분량 제한이 있다면) 제한 분량의 80% 이상을 작성하였는가?
- ☐ 중복된 사례(경험)를 작성하지는 않았는가?
- ☐ '귀사'라는 단어를 사용하지 않았는가?
- ☐ 자기소개서 전반적인 내용으로 지원 직무 유추가 가능한가?
- ☐ 줄임말이나 외래어, 비속어 등 허용되지 않는 단어나 표현은 없는가?
- ☐ 자기소개서 질문(항목)에서 요구하는 것들을 모두 작성하였는가?
- ☐ 두괄식 문장으로 작성하였는가?
- ☐ 반복되는 단어가 많지 않은가? ('저는~', '또한', '그리고' 등)
- ☐ '~같습니다.', '비록 ~부족하지만'과 같은 자신감 없는 표현은 없는가?
- ☐ 연도나 전화번호 등 숫자를 기입할 때 실수는 없는가?
- ☐ 사진은 제대로 첨부되어 열리는가?

CHAPTER

06

자기소개서 작성 전략

06 자기소개서 작성 전략

학습목표

1. 글쓰기 전략을 이해하고 인사담당자가 원하는 자기소개서를 쓸 수 있다.
2. STAR 기법으로 자기소개서를 작성할 수 있다.
3. 자기소개서 항목별 전략을 이해하고 작성할 수 있다.

1 인사담당자가 원하는 글쓰기 전략

1) STAR 기법을 이용한 자기소개서 작성

STAR 기법이란 Situation, Task, Action, Result로 글을 쓰는 당사자 자신의 경험을 구체적으로 풀어 이야기하는 글쓰기 방법이다. 보다 논리적 글쓰기가 가능하기 때문에 이야기하고자 하는 핵심을 정확하게 전달하는 데 효과적인 방법이다. 글쓰기뿐 아니라 면접과 같이 짧은 시간에 핵심을 전달해야 할 경우에도 사용 가능하다. STAR 기법을 자세히 살펴보면 다음과 같다.

- **S** 처한 상황(Situation)
- **T** 그 상황에서 발생한 문제 혹은 과제(Task)
- **A** 취한 노력과 행동, 태도 등(Action)
- **R** 행동의 결과, 나에게 끼친 영향(Result)

여기서 중요한 사실은 인사담당자는 S와 T보다는 A와 R을 더 집중적으로 본다는 것이다. 지원자가 어떤 문제의 상황에서 어떤 기지를 발휘하여 이를 해결했는지 혹은 어떠한 노력을 했으나 실패할 수밖에 없었는지가 궁금하며, 이를 통해 배운 점과 배운 점을 회사에서 잘 발휘할 수 있을지 알고 싶을 것이다. 그리고 R(결과)에서 반드시 성공한 결과를 작성해야 하는 것은 아니다. 성공 여부와 관계없이 지원자 자신이 어떤 영향을 받았고 이후 어떤 식으로 개선해 나갈 것인지 확인이 된다면 성공보다 더 값진 실패 사례로 작성할 수 있을 것이다.

STAR 기법을 활용한 글쓰기 예시를 살펴보자.

- **S** 대학교 체육대회에서 100인 비빔밥 프로젝트를 기획
- **T** 서로 역할 분담을 하는 데 의견 충돌, 대량음식을 해 본 경험이 없어 어려움을 느낌
- **A** 희망 포지션 공개 투표, 급식업체에서 일하는 선배에게 자문을 구함
- **R** 모두가 만족한 역할을 찾고 맛있는 비빔밥을 만들어 성공적으로 프로젝트를 마무리

위 예시를 참고해 더욱 설득력 있는 자기소개서를 작성하기 위해서 소제목과 두괄식 구성 그리고 배운 점을 추가하면 된다.

| STAR 기법을 활용한 사례

소제목	우정이라는 고추장으로 비빈 비빔밥
첫 문장(두괄식 구성)	학교 체육대회에서 학과 학우들과 함께 100인 비빔밥 프로젝트를 기획해 성공시킨 경험이 있습니다.
상황제시(문제)	체육대회가 열리던 날 호텔조리학과의 단합된 모습과 협동심을 이끌어 내기 위해 100인 비빔밥 만들기를 기획했습니다. 하지만 역할분담에서 서로 불만을 제시했고, 대량 음식을 만들어 본 경험이 없어서 제대로 맛을 낼 수 있을지 의문이 들었습니다.
행동(극복방법)	우선 불만을 제거하기 위해 희망 포지션 투표를 경매형식으로 진행했고, 급식업체에서 일하는 선배의 자문을 구했습니다.
결과	모두가 즐겁게 역할을 분담했고, 맛있게 비빔밥을 만들어 성공적으로 프로젝트를 완료했습니다.
느낀점	문제가 발생했을 때 혼자가 아니라 다수가 모였을 때보다 빨리 해결방안을 찾을 수 있다는 점과 소통을 통한 리더십의 중요성을 깨달았습니다.
활용방안	주방에서 발생할 수 있는 문제들을 동료들과의 소통을 통해 빠르게 해결할 자신이 있습니다.

"소제목 / 두괄식 구성을 위한 첫 문장 / 상황 / 행동 / 결과 / 느낀점 / 활용방안" 순서로 먼저 작성을 해 본 후 내용을 조금씩 다듬고 더 구체적으로 작성하면 자기소개서를 좀 더 쉽게 작성할 수 있을 것이다. 그리고 기업에서 원하는 핵심 요소들을 모두 포함시킨 자기소개서를 완성할 수 있을 것이다.

STAR 기법을 이용한 자기소개서 틀 만들기	
소제목	
첫 문장(두괄식 구성)	
상황제시(문제)	
행동(극복방법)	
결과	
느낀점	
활용방안	

2) 효과적인 소제목 설정

소제목 작성이 자기소개서 작성에 있어서 필수 조건은 아니다. 하지만 잘 쓴 소제목은 인사담당자에게 궁금증을 유발하며 지원자의 강점을 극대화시킬 수 있으므로 활용하는 것도 좋은 방법이다. 또한 타 지원자보다 눈에 띄는 소제목으로 인사담당자에게 확실한 인상을 남길 수도 있으며 작성한 자기소개서 내용을 한 눈에 보여줘서 읽기 편하게 만드는 장점도 있다. 하지만 짧고 임팩트 있는 소제목을 만들어낼 자신이 없다면 쓰지 않아도 된다. 내용을 단순이 요약하거나 남들과 크게 차별화되지 않은 지루한 소제목은 오히려 자기소개서 내용을 읽기도 전에 지루함을 느끼게 할 수도 있기 때문이다.

센스 있는 소제목을 설정하기 위해서 기업의 새로운 슬로건이나 매체 광고를 활용하는 것도 좋은 방법도 있다. 이때 주의할 점은 광고나 슬로건의 앞 혹은 뒤 문장을 살짝 바꾸거나 새로운 단어를 만드는 등 그대로 베끼지 않는 것이다. 또한 나의 강점과 성향, 그리고 성과를 한눈에 볼 수 있는 소제목이면 인사담당자에게 더 확실히 기억될 수 있을 것이다. 그냥 넘겨버리는 지원서가 아니라 확실히 기억하며 꼼꼼히 살펴보는 지원서가 되기 위해서 소제목을 영리하게 활용해 보도록 하자.

소제목 만들어보기	
반어법을 활용한 소제목	
기업 홍보 및 광고 활용한 소제목	
기업 비전 및 가치관을 활용한 소제목	

2 자기소개서 항목별 전략

1) 성장과정

"성장과정"을 요구하는 기업의 자기소개서 항목

"살아오면서 본인의 가치관에 큰 영향을 준 일에 대해 자세히 기술해 주십시오." _롯데그룹

"본인의 성장과정을 간략히 기술하되 현재의 자신에게 가장 큰 영향을 끼친 사건, 인물 등을 포함하여 기술하시기 바랍니다.(※작품 속 가상인물도 가능)" _삼성그룹

"본인의 성장과정에서 가장 기억에 남는 경험은 무엇이었나요? 그 이유와 과정 속에서 본인이 했던 행동과 생각, 이를 통해 느끼고 배운 점을 구체적으로 기술하시오." _아모레퍼시픽

"본인의 성장과정을 통해 자신을 소개해 주세요. 단, 힘들었던 상황이나 극복과정, 인생 중 최고의 순간 등 자신에게 큰 영향을 끼친 사건이나 인물 등을 포함하여 작성해주세요." _(주)신한은행

"성장과정에서 부모, 가족으로부터 가장 인상적인 경험을 구체적으로 기술하여 주십시오." _한국콜마홀딩스(주)

"성장과정을 기술하되 본인의 가치관 형성에 영향을 미친 주요 사건 또는 경험을 중심으로 기술하시오.(기존의 자기소개서 형식을 벗어나 산문 형식으로 작성할 것. 사건 및 경험은 복수여도 무방)" _대한제강(주)

성장과정은 어렸을 때부터 지원하는 시점까지 있었던 일들을 연대기 순으로 작성하는 항목이 아니다. 아직도 '1남1녀 중 장남으로 태어나 엄격하신 아버지와 인자하신 어머니 사이에서 자라....'와 같은 성장과정을 쓰는 사람은 없을 것이다. 위 "성장과정"을 대표하는 기업의 자기소개서 항목을 살펴보면 성장과정 항목에 어떤 내용을 작성해야 하는지 알 수 있을 것이다.

가장 많은 기업에서 원하는 성장과정은 현재의 지원자의 성격 혹은 가치관 등을 있게 만든 사건이나 경험이 무엇이었는지를 작성하도록 하는 것이다. 자기소개서를 통해서 인사담당자는 지원자의 표면적인 삶이 아니라 살아온 과정을

통해서 현재의 지원자가 해당 기업이나 직무에 얼마나 적합한 인재로 성장했는지가 궁금하다. 다만 작성을 할 때 불우했던 환경에 대해 너무 신세한탄을 하는 것과 지원 시점으로부터 1, 2년 전 쯤 성인이었을 때 있었던 일을 작성하는 것은 피하는 것이 좋다. 또한 지금의 나의 가치관을 형성하게 해 준 사건이나 경험뿐만 아니라 현재 지원하는 직무에 대해 관심을 가지게 된 경험이나 사건을 성장과정에서 드러내도 괜찮다. 이를 통해 희망 직무에서 적합한 인재라는 것을 보여줄 수 있다.

성장과정을 작성할 때도 역시 지원 기업의 인재상이나 직무 역량을 우선 살펴보고 그 중 키워드를 선정해 작성하는 것도 좋은 방법이다.

2) 성격의 장단점

"성격의 장단점"을 요구하는 기업의 자기소개서 항목

"성격의 장 · 단점 및 보완노력에 대하여"_*GS리테일*

"본인 성격의 장점과 단점은 무엇인지, 장점으로 인해 도움이 되었던 경험과 단점으로 인해 어려움을 겪었던 경험에 대해 서술해 주세요."_*대구은행*

"본인의 장/단점과 입사 후 장점은 어떻게 활용되고, 단점은 어떻게 보완할 수 있겠는지를 기술하세요."_*(주)두산*

"자신의 성격 중 가장 자랑하고 싶은 점과 바꾸고 싶은 점들을 그 이유와 함께 적어주세요."
_*(주)넥슨코리아*

"아래의 단어를 기준으로 당신의 성격을 점수로 표현하고, 성격의 장단점에 대해 간략히 기술하시오. (외향성/호기심/배려심/정서적인 안정성/성실성)"_*코오롱패션머티리얼(주)*

"본인의 강점과 약점은 무엇이며, 그 강점이 앞으로 당사와 본인의 발전에 어떻게 기여할 수 있는지 기술하여 주십시오."_*한미약품(주)*

"타인과의 협업과정에서 나타나는 본인이 장점 및 단점, 단점을 극복하기 위한 노력 등을 사례를 통해 구체적으로 작성해주세요."_*(주)컴투스*

먼저 장점을 작성하는 데 있어서 가장 중요한 것은 장점에 대한 확실한 근거가 있어야 한다는 것이다. 근거 없이 본인의 장점을 주장하는 것은 읽는 이에게 신뢰를 주기 어렵다. 여기서 말하는 근거란 장점을 충분히 발휘한 경험을 의미한다. 기업의 자기소개서 항목 예시를 살펴보면 "장점과 장점을 발휘한 경험을 사례를 통해 구체적으로 작성해 주세요."라고 이야기하고 있다. 또한 과장하는 것이 아니라 솔직하게 작성을 해야 추후 면접을 보는 자리에서 이를 확실하게 증명할 수 있다는 것도 참고해야 한다.

또한 내가 가지고 있는 장점이 과연 지원하는 기업과 희망 직무에서도 원하는 장점이 될지 먼저 고민해 보아야 한다. 그래서 자기소개서 작성 전 본인의 역량과 직무 역량 그리고 기업의 인재상을 맞춰보길 권유한 것이다. 기업은 단순히 많은 장점을 가진 사람을 원하는 것이 아니라 기업에서 적극적으로 활용할만한 장점을 가진 사람을 원하는 것이다. 실제 많은 기업의 자기소개서 항목을 살펴보면 지원자의 장점이 무엇인지 묻는 것에서 끝나지 않고 이 장점을 입사 후 어떤 식으로 발휘할 수 있는지도 함께 묻고 있다. 이제 장점 작성 전 반드시 본인의 장점이 기업과 희망 직무에 잘 어울리는 장점인지 따져보고 작성하길 바란다.

장점보다 더 작성하기 어려운 것이 단점이다. 어떤 단점을 써야 덜 부족해 보일지 많은 고민을 하면서 쉽게 쓰지 못하는 부분이 단점이다. 하지만 단점이 없는 사람이 어디있겠는가. 단점은 있는 그대로 솔직하게 작성하는 것이 좋다. 하지만 피해야 하는 단점은 분명히 있다. 직무를 수행함에 있어 걸림돌이 될 것 같은 단점은 피해야 한다. 예를 들어, 영업직에 지원하는 지원자가 '낯을 많이 가린다'와 같은 단점을 작성한다면 분명 입사에 좋은 점수를 받지 못할 것이다. 또한 단점 작성 후에는 이 단점을 개선하기 위해 어떤 노력을 하고 있는지 충분히 작성해야 한다.

3) 학창시절 및 사회활동

"학창시절 및 사회활동"을 요구하는 기업의 자기소개서 항목

"본인의 인생에서 가장 큰 성취의 경험과 실패의 경험을 적고, 그 경험을 통하여 본인이 느끼고 배운 점에 대하여 자유롭게 기술해주시기 바랍니다.(핵심위주로 근거에 기반하여 간략하게 기술 부탁드립니다.)"_*LG전자*

"전공이나 스펙쌓기와 무관한 일 중 가장 흥미있게 한 활동은 무엇이었는지와 이 일을 할 때 즐거운 이유를 구체적으로 쓰세요.(일회성 이벤트가 아닌 장기적이거나 지금까지 하고 있는 활동 중심으로)" _*동원그룹*

"최근 5년 동안 귀하가 경험한 대표적인 실패 사례는 무엇이며, 이를 극복하기 위해 어떤 일을 하였는지 기술해 주십시오."_*샘표*

"혼자가 아닌 Team을 이루어 수행한 일 중에서 성공한 사례와 그 이유에 대해 기술해 주십시오. 단, 수업관련 Report, 팀구성 사례는 제외."_*하나은행*

"도전적인 목표를 정하고 열정적으로 일을 추진했던 경험을 한화의 핵심가치(도전, 헌신, 정도)와 관련지어 구체적으로 작성해주시기 바랍니다.(목표내용/목표를 설정한 이유/구체적 노력/최종결과 등)"_*한화테크윈*

"지금까지 학업 이외에 스스로 이루어낸 성공 중 가장 의미있는 경험을 서술하고, 성공을 위한 노력과 그 과정 속에서 성장한 본인의 모습을 구체적으로 서술하여 주시기 바랍니다."_*코웨이(주)*

학창시절 및 사회활동 항목은 크게 성공한 경험과 실패한 경험을 작성하는 것으로 나뉘고 그 안에서 세부적으로 기업의 인재상이나 핵심가치와 연관된 경험을 요구한다. 학창시절 경험했던 여러 경험 중 가장 인상 깊은 경험을 과정과 결과, 그 과정에서 배운 점을 구체적으로 작성하면 된다. 이때 기업의 인재상이나 가치와 연관 지어 작성하면 더 완벽한 내용이 될 것이다. 그리고 학창시절 항목에서 인사담당자가 주목하는 점은 결과보다는 과정을 통해 배운 점이라는 것과 어떤 일에 몰입해 열정적으로 과업을 수행했다는 것이라는 것을 잊지 말자. 그리고 혼자 수행하거나 경험한 일보다는 팀을 이루어 진행한 경험이 타인과의 관계에서 지원자의 역할을 잘 보여줄 수 있어서 더 좋을 것이다. 또한 전문성을 강조해야 하는 직군인 경우 직무관련 프로젝트 경험이나 연구실에서 일해 본 경험, 실습 혹은 인턴 경험 등을 적극 살리는 것도 좋은 방법이다. 하지만 신입 지원자의 경우 직무와 연관성이 높은 사회경험이 없는 경우가 많으므로 이럴 땐 직무 수행에 적합한 인성적인 강점을 어필할 수 있는 경험을 작성하면 된다.

4) 지원동기

"지원동기"를 요구하는 기업의 자기소개서 항목

"본인이 회사를 선택할 시 기준은 무엇이며, 당사가 그 기준에 적합한 이유와 근거를 기술하세요."
_포스코, 샘표, ㈜한국야쿠르트, 현대자동차, S-OIL(주), ㈜하나투어, 아모레퍼시픽

"많은 직업 중 손해사정업을 선택하려는 이유와 그 중에서도 왜 삼성화재서비스에 입사하고자 하는지 진솔하게 기술하여 주십시오."*_삼성화재서비스*

"귀하가 지원한 직무는 무엇이며, 해당 직무에 관심을 갖게 된 계기와 이를 잘 수행할 수 있다고 생각하는 이유를 본인의 역량, 준비과정 및 관련 경험을 근거로 서술해 주십시오."*_금호아시아나그룹*

"여러분이 CJ CGV의 Multiplex Manager 직무에 지원한 동기는 무엇인가요? ① 본인이 생각하는 Multiplex Manager의 역할과 사명, ② 본인이 Multiplex Manager에 관심을 갖게 된 계기, ③ Multiplex Manager가 되기 위한 나의 노력을 반드시 포함하여 구체적으로 작성해 주세요."
_CJ CGV

"지원분야에 있어 가장 중요한 실무역량이 무엇이라고 생각하는지 정의하고, 그에 따라 본인의 역량 수준을 점수화(100점 만점 기준)하여 주시기 바랍니다. 그리고 본인이 현재의 역량을 보유하기 위해 과거에 어떤 노력을 해 왔는지 사례를 들어 상세히 기술하여 주십시오."*_마이다스아이티*

"대웅제약에 지원한 이유는 무엇인가요? '회사의 어떤 점이 좋아서, 회사로부터 무엇을 얻고 싶어서' 등의 관점이 아닌 회사에 기여할 수 있는 바를 기술해주시기 바랍니다. 그리고 그것이 상대(회사)가 원하는 것일 거라고 생각하는 이유와 지원자와 회사의 그러한 관계를 통해 사회와 고객에게 어떤 이득이 있을 것이라고 생각하는지 기술해주시기 바랍니다."*_(주)대웅제약*

지원동기는 말 그대로 지원한 동기에 대해 묻는 항목이다. 해당 기업에 왜 지원했는지, 희망 직무에 왜 지원했는지를 작성하길 요구하며, 여기에 직무를 수행하기 위해 준비한 것들을 추가해서 작성하면 된다.

기업을 선택한 이유에 대해서는 앞서 제시한 기업의 자기소개서 항목을 참고하면 된다. 다수의 기업에서 당 회사를 선택한 이유를 일반적인 회사를 선택할 때의 기준과 함께 작성하길 바라고 있다. 회사가 추구하는 핵심가치와 지원자의 가치관이나 신념을 비교해 작성하는 것도 좋고, 회사와 지원자 사이의 개인적인 경험을 풀어내는 것도 좋은 방법이다. 혹은 기업에 대한 사전 조사를 통해 인상적이었던 사회공헌 활동이나 사업 등을 살펴본 후 지원자의 신념과 연관시켜 작성하는 방법도 있다. 그리고 이어 지원 직무를 선택한 이유는 관심을 갖게 된 계기를 작성하며 반드시 지원하기 위해 준비한 것들을 구체적으로 작성해야 한다. 직무 수행을 위해 지원자들이 노력한 점에 대해서 작성할 시에는 지식, 기술, 태도 면에서 어떤 노력을 했는지 작성해야 한다.

<table>
<tr><th colspan="3">지원동기 작성을 위한 기초 만들기</th></tr>
<tr><td>희망 직무</td><td colspan="2"></td></tr>
<tr><td rowspan="3">직무 수행을 위해 보유하고 있는 필요한 요소</td><td>지식</td><td></td></tr>
<tr><td>기술</td><td></td></tr>
<tr><td>태도</td><td></td></tr>
<tr><td>직무 관련 경험 (구체적)</td><td colspan="2"></td></tr>
<tr><td>직무 관련 교육 (구체적)</td><td colspan="2"></td></tr>
</table>

5) 입사 후 포부

"입사 후 포부"를 요구하는 기업의 자기소개서 항목

"2017년 대한민국 Health&Beauty Store 트렌드를 한단어로 정의하고, 여러분이 올리브영 SM이라면 기존과 차별화된 어떤 매장을 만들고 싶은지, 그 이유를 본인의 강점과 연관지어 구체적으로 설명해 주세요."_*CJ올리브네트웍스*

"본인의 입사 후 포부 및 향후 자기계발 계획에 대해서 구체적으로 기술해 주십시오."_*제주항공*

"10년 후 회사 내 나의 모습을 그려보시오."_*KT커머스*

"삶을 통해 이루고 싶은 인생의 비전 또는 목표 3가지를 우선순위 순으로 적어 주십시오."
_*이랜드그룹*

"본인이 지원한 분야의 기획자라면 가장 먼저 무엇을 해 보고 싶은가요? 무엇을 바꾸고 싶은가요?"
_*(주)NAVER*

"당사 제품, 전략 등 당사 사업역역과 관련하여 본인이 생각하는 발전방향을 제시하고 이유를 기술해 주십시오."_*(주)한국야쿠르트*

"모두투어네트워크에서 지원자의 5년, 10년, 20년 경력개발계획에 대해 구체적으로 기술해주세요."_*(주)모두투어네트워크*

회사에서 직접적으로 일을 해 본 적이 없는 지원자들의 입장에서 입사 후 어떤 식으로 성장해나갈 것인지를 작성하라고 하는 것이 매우 어렵게 느끼는 것이 당연하다. 하지만 기업에서 중요하게 생각하는 항목 중 하나가 입사 후 포부이며, 그 말은 중점적으로 살펴보겠다는 의미이므로 지원자들은 보다 신중하고 신경을 써 이 항목을 작성할 필요가 있다.

입사 후 포부를 작성할 시 중요한 점은 구체적인 포부가 나타나야 하며 지원 직무와 기업의 발전에 이바지할만한 방향을 제시하는 것이다.

인사담당자는 지원자가 '열심히 하겠습니다', '맡은 일에 최선을 다하겠습니다'와 같은 포괄적이며 추상적인 포부를 이야기하길 바라는 것이 아니라 입사 후 본인의 비전을 구체적으로 제시하며 어떤 방법으로 스스로를 발전시킬 것인지 작성해 주길 바란다. 이를 위해서는 본인이 지원하는 직무가 정확히 어떤 업무를 하는지 알고 있어야 하며 이는 지원 직무에 대한 지원자의 관심과 열정을 의미하기도 한다. 구체적인 입사 후 포부를 작성하기 위해 5년 혹은 3년 단위로 끊어서 계획을 작성해 보는 것도 좋다. ㈜모두투어의 경우 5년, 10년, 20년 경력개발계획을 작성해 달라고 요청하며 KT커머스의 경우 10년 후 회사 내 본인의 모습을 그려보라고 요청하고 있다. 이처럼 입사 후 포부에 시기별로 자신이 이루고 싶은 목표를 작성하는 것도 좋은 방법이라고 본다. 다만 일반적인 기업에서 5년 후, 10년 후에 어떤 위치에서 어떤 업무를 하게 될지 사전 조사는 필요하다.

그리고 기업은 지원자가 입사 후 회사의 발전에 얼마나 기여할 수 있을지와 평소 지원 기업과 직무에 얼마나 많은 관심이 있었는지를 입사 후 포부 항목에서 확인하고자 한다. 많은 기업에서 지원가가 지원하는 직무와 연관된 사업 분야에서의 구체적인 비전을 작성하길 요구하고 있다. 인사담당자가 원하는 답변을 잘 작성하기 위해서는 우선 해당 기업에서 현재 주력하고 있는 사업 중 희망 직무와 관련성이 높은 분야 대한 정보 수집이 우선되어야 한다. 그 후 조사한 정보와 본인이 가진 역량(기술, 지식, 태도)과 연관시켜 새로운 아이디어를 만들어 제시하는 것이 가장 좋다.

6) 기타사항(취미와 특기)

"취미와 특기"를 요구하는 기업의 자기소개서 항목

"자신이 가진 취미와 특기에 대하여 상세하게 서술하세요."*_아이에스동서(주)*

"성격의 장단점, 취미활동을 포함하여 자유롭게 자신을 표현해 주세요."
_NHN Technology Services(주)

"본인의 취미/특기, 존경인물 및 존경하는 이유를 자유롭게 작성하여 주시기 바랍니다."
_삼성전자(주) 2016년 하반기

"나의 취미와 특기는 무엇인가?"*_IBK기업은행*

자기소개서 항목 중 취미와 특기에 대한 항목을 종종 볼 수 있다. 이 항목 역시 전략적으로 작성할 필요가 있다. 인사담당자가 취미와 특기를 물으며 알고자 하는 것은 2가지이다. 먼저 취미와 특기를 통해서 희망 직무와 관련된 직무 적성과 성격을 살펴보기 위함이며 업무를 수행하기 위한 기초직업능력과 관련한 성격을 갖추고 있는지 유추하기 위해서이다. 즉, 취미와 특기를 통해 지원자의 성격을 알아보고자 한다는 의미이다. 예를 들어, 영업직군에 지원하는 지원자의 경우 '독서'라는 정적인 취미보다는 '독서 토론'을 통해 많은 사람을 만나서 정보를 교류하는 일을 즐겨한다는 것을 어필하는 것이 더 좋다는 말이다. 두 번째는 취미와 특기를 통해 육체적·정신적 자기관리능력도 보여줄 수 있을 것이다. 업무 내 외적으로 예상되는 스트레스를 잘 해소할 능력을 갖추었는지도 취미와 특기를 보고 판단 가능하기 때문이다.

CHAPTER 07

일반 자기소개서 및 NCS 자기소개서 작성하기

07 일반 자기소개서 및 NCS 자기소개서 작성하기

학습목표

1. 항목별 자기소개서를 스스로 작성하고 검토할 수 있다.
2. NCS 기반 경력(경험)기술서를 작성할 수 있다.
3. NCS 기반 자기소개서를 작성하고 검토할 수 있다.

1 항목별 자기소개서 작성 실전

성장과정
※ 연대기적 서술은 아닌가요? 성장과정을 통해서 어떤 강점이 드러났습니까? 점검해 보세요.

성격의 장단점

※ 장점의 근거가 포함되어 있습니까? 단점의 극복 방안도 쓰셨습니까? 다시 점검해 보세요.

학창시절 및 사회활동

※ STAR 구조를 참고해서 작성해 보세요.

지원동기

※ 1. 기업에 대한 지원동기가 포함되어 있습니까?
2. 직무에 대한 지원동기가 포함되어 있습니까?
3. 직무를 수행하기 위해(입사하기 위해) 어떤 노력을 했는지 쓰셨습니까?
점검해 보세요.

입사 후 포부

※ 애매한 표현은 없나요? 그저 열심히 하겠다고 쓰진 않았습니까?
구체적으로 쓰셨습니까? 점검해 보세요.

취미와 특기

2 NCS 기반 경력(경험)기술서와 자기소개서

1) NCS 기반 경력(경험)기술서

경험기술서 예시
• 입사지원서에 기술한 직무 관련 기타 활동에 대해 상세하게 기술해 주시기 바랍니다. • 구체적으로 본인이 수행한 활동 내용, 소속 조직이나 활동에서의 역할, 활동 결과에 대해 작성해 주시기 바랍니다.

경력기술서 예시
• 입사지원에서 기술한 경력사항에 대해 상세하게 기술해 주시기 바랍니다. • 구체적으로 직무영역, 활동, 경험, 수행내용, 본인의 역할 및 구체적 행동, 주요 성과에 대해 작성해 주시기 바랍니다.

공공기관, 공기업에 취업을 희망하는 지원자들은 최근 NCS 기반 입사서류에 대해 고민이 많은 것으로 알고 있다. 하지만 지금까지 봤던 입사서류와 크게 다르지 않다는 것을 기억하길 바란다. 오히려 작성 가이드라인을 정확하게 제시하여 작성하는 데 도움을 주고 있으니 가이드라인에 따라 성실히 답변하면 된다.

NCS 입사지원서에는 지원자 본인의 경력 및 경험 사항을 구체적으로 소개하는 직무능력소개서가 포함되어 있으며 직무능력소개서는 경력기술서와 경험기술서로 구성되어 있다.

경력기술서는 지원서상에 작성한 경력을 구체적으로 기술하는 항목이다. 금전적 보수를 받고 일정기간 동안 근로자로 종사한 경험에 한해 작성하는 것으로 이를 통해 기업에서는 지원자가 어떻게 직무역량을 쌓아왔고 향후 해당 직무를 잘 수행할 수 있는지 판단할 것이다. 당시 조직에서 어떤 역할을 맡았으며, 참여한 주요 프로젝트와 성과에 대해 구체적으로 기술해야 한다. 그리고 이러한 경험을 통해 증명한 지원자의 역량이 앞으로 지원하는 해당 기업에 어떤 식으로 도움을 줄 것인지도 함께 작성하는 것이 좋다.

NCS 기반 경험기술서와 일반 자기소개서가 크게 다르지는 않다. 학창시절 경험한 직업(경력) 외적인 활동을 중심으로 작성하면 된다. 지원 직무와 관련한 산학활동이나 팀 프로젝트 활동, 연구 활동, 동아리, 재능 기부 등의 경험을 작성하면 되는데, 이때 지원자가 맡은 역할, 기여도, 주요 성과 등을 구체적으로 작성해야 한다.

경력(경험) 기술서 작성 시 주의할 점은 직무와의 연관성을 생각하면서 작성해야 한다는 것이다. 해당 경력과 경험이 직무에 얼마나 도움이 될지 생각하며 지원자의 업무 수행능력을 보여줄 수 있어야 한다. 그리고 작성 가이드대로 작성해 주길 바란다. 작성하고 싶은 순서대로 쓰는 것이 아니라 기업에서 제시하는 문항을 잘 숙지하여, 예를 들면 '직무영역, 활동, 경험, 수행내용, 본인의 역할 및 구체적 행동, 주요 성과 등'의 순서로 요구하는 대로 작성하는 것이 좋다. 마지막으로 경력 기술서는 감성적인 글이 아닌 최대한 건조하고 간결한 문체로 글을 써야 한다는 것을 잊지 말자. 객관적인 사실을 위주로 써야 하는 글이라 간결하고 건조한 문체로 작성하는 것이 좋고, 제한 글자 수가 적다면 '식자재 관리 및 발주 업무를 담당함'과 같이 보고서 형식으로 줄여 표현해도 상관없다.

직무 관련 경력 작성 초안 만들기	
근무지(기업명)	
근무기간	
직책	
직무	
수행내용 및 성과	
희망 기업(직무)과의 연관성 및 해당 경력 활용 방안	

2) NCS 기반 자기소개서

NCS 기반 자기소개서의 항목을 살펴보면 크게 세 가지 유형으로 분류된다. 첫 번째는 지원자의 직업기초능력을 평가하기 위한 항목이다. 직업기초능력이란 직무를 수행하는 데 지원자들이 기본적으로 가지고 있어야 하는 역량으로 '의사소통능력, 수리능력, 문제해결능력, 자기개발능력, 자원관리능력, 대인관계능력, 정보능력, 기술능력, 조직이해능력, 직업윤리' 등 10개 요소로 구성되어 있다.

직업기초능력을 평가하기 위한 NCS 자기소개서 항목	
의사소통능력	직원이 업무와 관련해 고객과 대화를 나누고 있는데 고객은 이해가 되지 않는다고 반문을 했다면 대화 중 무엇이 문제이고 어떻게 하면 해결할 수 있을지 설명해 주십시오.
대인관계능력	팀워크를 발휘하여 성과를 창출한 경험이 있다면 수행 과정에서 힘들었던 점과 본인의 역할을 구체적으로 작성해 주십시오.
문제해결능력	예상치 못했던 문제로 인해 계획대로 일이 진행되지 않았을 때 책임감을 가지고 적극적으로 끝까지 업무를 수행해 성공적으로 마무리했던 경험이 있으면 서술해 주십시오.
조직이해능력	지금까지 학교생활 및 여러 조직에서 생활해 오면서 조직의 중요성 및 경험을 성명하여 주시고, 또한 우리 공단 조직의 역할이 무엇인지 설명하십시오.
자기개발능력	현재 자신의 위치에 오기 위해 수행해온 노력과 지원한 직무분야에서 성공을 위한 노력 및 계획을 기술해 주십시오. 지원 분야의 전문가가 되기 위한 향후 10년간의 계획을 작성해 주십시오.
직업윤리	윤리적으로 행동해 손해를 본 경험이 있다면 구체적으로 작성해 주십시오. 원만한 직장생활을 위해 필요한 태도와 매너, 직업관(직업윤리)의 중요성에 대해 본인의 가치관을 중심으로 작성하여 주십시오.
정보능력	다양한 정보 또는 데이터를 체계적으로 수집 분석 조직하여 활용해 본 경험에 대해 기술하십시오.

두 번째 유형은 해당 기업의 조직 적합성을 평가하기 위한 항목으로 보통 지원 동기나 기업의 핵심가치와 인재상과 관련된 질문을 한다.

조직 적합성을 평가하기 위한 NCS 자기소개서 항목
OOO에 지원하게 된 동기를 구체적으로 작성하여 주십시오.
지원자께서 OOO의 인재선발관이라고 가정하시어 공단 홈페이지를 통해 공단의 미션, 비전, 핵심가치를 참고하여 공단에 필요한 인재상을 제시하여 주시고 그 인재상에 맞는 인재를 어떻게 찾을 것인지와 제시하신 인재상에 따라 면접의 질문을 만들어 주시기 바라며, 지원자께서는 그 인재상에 얼마나 적합한지 구체적으로 설명해 주십시오.
시키는 일의 범위를 넘어서 자발적으로 도전한 경험에 대해 기술하여 주십시오. _ *(기업의 인재상: 도전정신)*

세 번째 유형은 직무 수행능력을 확인하고자 하는 문항이다. 직업기초능력이 지원자의 잠재적 역량에 초점을 두었다면 직무 수행능력은 실제 업무와 직결되는 역량이라 볼 수 있다. 그래서 경력(경험) 기술서와 유사하다고 볼 수도 있다. 작성 전 반드시 기업에서 제시하는 직무기술서를 읽고 희망 직무에서 요구하는 역량을 파악하며 본인의 경험과 적절하게 연결해야 한다.

직무 수행능력을 평가하기 위한 NCS 자기소개서 항목
귀하가 지원한 직무를 수행함에 있어서 필요한 능력 세 가지와 이를 선정한 사유를 기술하고 그 능력을 갖추기 위해 본인이 노력했던 점 및 그 성과에 대하여 기술하여 주십시오.
지원자 본인이 자신의 지원분야에 대한 전문성을 향상시키기 위해 꾸준히 노력하는 사람임을 가장 잘 나타내는 최근 5년 이내의 사례를 기술해 주시기 바랍니다.
입사 이후의 OOO 기업 안에서 직장 생활을 통해 이루고 싶은 목표가 무엇인지 기술하고 이러한 목표를 이루기 위해 이전 교육(실습) 및 업무 활동 경험을 실제 업무에서 어떻게 활용 및 발전시킬 수 있을지에 대해 기술하십시오.

NCS 채용을 진행하고 있는 기업들의 대표적 자기소개서 항목을 토대로 자기소개서를 작성해 보자.

(대학, 인턴, 아르바이트 등)의 활동을 하면서 다른 사람이 생각해내지 못했던 문제점을 찾고 이를 해결한 경험에 대해 작성해 주시기 바랍니다.

※ STAR 구조에 따라 작성해 보세요.

(동아리, 학회, 소그룹 모임 등)의 팀 활동 중 다양한 배경(성격, 문화 등)을 가진 사람들과 업무나 일을 함께 했던 경험에 대해 작성해 주시기 바랍니다.

※ STAR 구조에 따라 작성해 보세요.

CHAPTER 08

면접의 시작

08 면접의 시작

학습목표

1. 기존 면접과 NCS 면접을 이해할 수 있다.
2. NCS 기반 구조화 면접을 이해하고 효과적으로 자신을 표현할 수 있다.
3. 바른 면접 자세와 복장 등으로 면접관에게 좋은 이미지를 전달할 수 있다.

1 면접 이해하기

1) 면접은 무엇인가

면접에 대한 다양한 정보를 알아보기 전 먼저 각자 생각하는 면접의 의미를 알아보자.

다음의 질문에 대해 대답해 보며 면접에 대한 자신의 생각을 정리하며 면접에서 중요한 것이 무엇인지 찾아볼 수 있을 것이다.

면접에 대한 생각 정리하기	
내가 생각하는 면접의 정의	
기업에서 면접을 중요하게 생각하는 이유가 무엇일까?	
면접관은 어떤 지원자를 합격시킬까?	
면접관은 어떤 지원자를 불합격시킬까?	
면접이 힘든 이유가 뭘까?	

많은 학생이 면접에 어려움을 크게 느낀다. 이유는 여러분이 생각하는 것과 거의 동일하다. 여러 학생의 답변처럼 면접관의 압박, 분위기, 환경, 긴장 등이 면접이 힘들게 느껴지게 하는 이유가 되지만 근본적으로 면접이 힘든 이유는 취업이 간절하기 때문이다. 입사 의지가 강력할수록 면접관에게 잘못 보이진 않을까 두렵고 긴장되고 이것이 면접을 힘들게 한다. 면접은 입사를 향한 최종 관문이기도 하고 마지막으로 나를 알리는 자리이기도 하다. 그만큼 부담이 크고 부담이 클수록 어렵다고 느끼는 것이 당연하다.

면접은 무엇인가? 면접이란 다양한 방법을 활용해 직무를 수행하는 데 필요한 능력들을 검증하고 기업의 가치관과 맞는 지원자를 확인하는 절차 중 하나이다. 기업의 입장에서 제대로 지원자를 대면하여 이야기하는 과정을 통해 적합한 인재를 가려내기 위한 마지막 단계이기도 하다. 또한 서류전형이나 인적성검사에서 볼 수 없었던 지원자의 모습을 관찰할 수 있는 기회이기도 해서 더 중요하게 생각할 것이다.

기업에서 중요하게 생각하는 면접. 지원자들이 가장 어렵게 생각하는 면접. 이 면접을 어떻게 하면 보다 덜 긴장하면서 나를 잘 표현할 수 있을까.

2) NCS 기반 면접

NCS 기반 면접은 제5장의 블라인드 채용에서 살펴본 면접을 말한다. 기존 면접과의 차별성은 평가자의 주관적인 판단에 의존해 총점을 부여하는 것이 아닌 일정한 체계로 구조화, 표준화시킨 평가 척도에 따라 지원자를 평가한다는 것이다.

기존면접
[전통적 면접]

일상적이고 단편적인 대화

Q. 술은 잘 마시나? 주량은 어떻게 되나?
　인상, 외모 등 다른 외부요소의 역량

Q. 어려보이는 외모인데, 잘 할 수 있겠나?
　주관적인 판단에 의존한 판단 가능성

Q. 자기소개 및 자신만의 강점은 무엇인가?

↓

면접 내용의 일관성 결여
직무 관련 타당성 부족
주관적인 채점으로 신뢰도 저하

➡

NCS 기반 면접
[구조화 면접]

〈일관성〉
직무 관련 역량에 초점을 둔 구체적 질문
지원자별 동일 질문 적용

〈구조화〉
진행 및 평가절차를 일정한 체계로 구성

〈표준화〉
평가타당도 제고 평가메트릭스 구성
척도에 따라 항목별 채점, 개인 간 비교

〈신뢰성〉
면접위원 진행 매뉴얼 교육 및 실습
면접위원 간 신뢰도 확보

출처: NCS 기반 능력중심채용 가이드북

NCS 기반 면접은 4가지 방법으로 진행된다. 선발하고자 하는 직무와 연관된 과거 경험에 대한 질문을 통해 지원자의 직무 역량을 평가하는 경험면접이 있고 직무에서 충분히 일어날 만한 특정 상황을 제시하고 지원자의 행동을 묻는 상황면접이 있다. 그리고 일반 면접에서도 볼 수 있는 발표 면접(PT면접)과 토론 면접이 있다. 그리고 매 면접마다 지원자의 직업기초능력과 인성 및 태도 그리고 인지적 능력을 평가한다.

현재 국내 모든 기업에서 NCS 기반 면접을 시행하고 있는 것은 아니다. 기업에 따라 여전히 전통적 면접에 해당하는 질문들을 하고 있기도 하다. 본인이 지원하려는 기업이 NCS 기반 채용을 진행하는 곳인지 먼저 확인 후 그에 맞게 준비하면 될 것이다.

2 면접 준비하기

1) 면접 자세 및 복장

일상생활에서 이미지메이킹의 중요성은 잘 알고 있다. 멋있게 꾸민 모습과 일상에서의 모습이 확연히 다른 연예인의 모습을 보며 놀라워하며, 어느 날 새로운 모습으로 나타난 친구가 이미지 변신을 했다고 말하는 것이 낯설지 않다. '이미지'라는 단어는 생활 속에서 우리와 매우 가까이 있다. 면접에서도 마찬가지다. 실제로 면접 중 지원자의 이미지는 면접에 큰 영향을 끼친다. 그래서 많은 지원자들이 면접 전 자신의 외형적 모습에 매우 신경을 쓰고 있다. 그런데 우리는 여기서 면접관이 영향을 받는다고 말하는 그 '이미지'가 무엇인지 이야기하고 넘어갈 필요가 있다. 면접관은 지원자의 표정, 경청하는 태도, 적극적으로 면접에 임하는 모습, 힘 있는 목소리, 단정한 차림새를 보며 우리 회사에 적합한 이미지인지 회사에 해가 될 이미지인지 평가할 것이다. 우리가 주목해야 할 부분은 이것이다. 그러면 자세부터 하나씩 살펴보도록 하겠다.

(1) 면접 자세

여자 서 있는 자세 - 여자

남자 서 있는 자세 - 남자

서 있는 자세는 면접관이 지원자를 처음 마주할 때의 모습일 것이다. 그러므로 최대한 어깨를 펴고 미소 지으며 당당하면서 여유로운 모습을 보여주는 것이 좋다. 여자는 공수자세로 두 다리를 붙이고 서고, 남자는 양손 가볍게 주먹을 쥔 채 허벅지 옆에 붙이고 서 있으면 된다. 여기서 요점은 당당하고 여유로운 자세와 표정이라는 것을 잊지 말자.

앉아 있는 자세(앞) - 여자

앉아 있는 자세(옆) - 여자

앉아 있는 자세(앞) - 남자

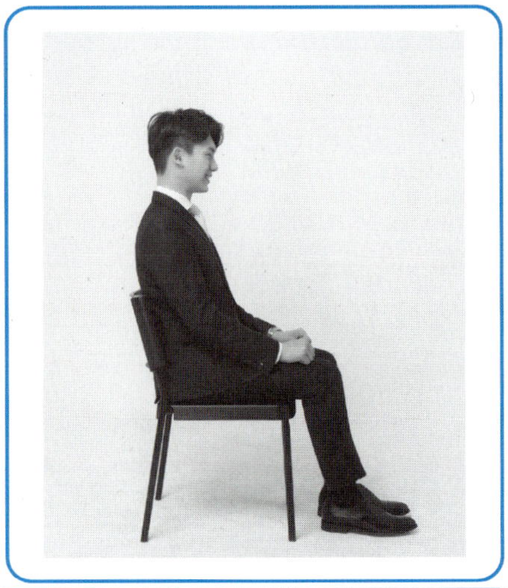

앉아 있는 자세(옆) - 남자

앉아 있는 자세 역시 중요한 점은 당당하게 어깨를 펴고 있는 것이다. 옆모습을 다시 살펴보길 바란다. 단, 의자에 너무 기대어 앉지 않도록 하자. 그리고 여자 지원자의 경우 반드시 다리를 사선으로 기울여 앉지 않아도 된다. 장기간 면접이 지속되다 보면 때때로 몸까지 같이 기울어지는 경우가 있어 무릎을 붙이고 일자로 앉아도 상관없다.

인사 자세

발표 자세(PT면접)

인사는 서 있는 자세에서 허리를 45도 정도 굽혀서 하면 된다. 인사에서 중요한 것은 자세보다 목소리라고 생각한다. 처음 면접관에서 지원자의 목소리를 들려주는 순간이다. 면접관은 지원자의 목소리를 통해 자신감의 유무와 성격까지 판단할 수 있다. 정확한 발음은 물론이고 큰 목소리로 인사를 해 자신감 넘치는 모습을 보여주자. 단, 면접장의 크기에 따라 목소리 조절은 해야 한다.

그리고 상황 면접이나 발표 면접(PT면접)의 경우 때에 따라 서서 이야기를 해야 한다. 이때 자연스럽게 서서 자신의 이야기와 면접관의 반응에 집중하기만 하면 된다. 역시 중요한 점은 곧은 자세이다. 어깨를 펴고 바른 자세로 서서 이야기를 하고, 필요한 경우 제스처(몸짓)를 사용해도 좋다. 하지만 이리저리 움직이며 이야기하는 것과 과한 제스처는 산만해 보일 수 있으니 주의해야 한다.

(2) 면접 복장

요즘은 면접 복장도 다양해졌다. 일부 기업의 경우 면접에 캐쥬얼 정장 혹은 정장 외 자율복장으로 면접을 볼 것을 권하기도 한다. 면접 복장을 이야기하면 떠올리던 검은색 정장은 이제 옛날이야기이다. 면접 복장으로 정장을 선호하는 다수의 기업에서도 전체 검은색 정장의 복장만을 고집하지 않는다. 이전에 비해 많이 유연해졌다고 볼 수 있다.

남자 지원자의 정장의 경우 남색계열을 많이 입는다. 타이 역시 남색계열을 선호한다. 짙은 회색 정장도 나쁘지 않다. 너무 밝은색이거나 패턴이 많이 들어간 정장만 아니라면 괜찮다. 여자 지원자는 여전히 검은색을 많이 입긴 하나 정장 상의 색은 조금 밝은색을 입어도 무방하다. 또 바지 정장을 입어도 좋다. 특히 직무 특성상 활동적이거나 남성 위주의 업무라면 바지 정장을 더욱 추천한다. 지원자들의 구두는 검은색 계열로 화려한 장식이 없는 것으로 선택하는 것이 좋으며, 여자의 경우 구두 굽이 몇 cm인지 연연하지 말고 본인에게 편한 구두를 선택하길 바란다. 평소에 신지 않는 구두를 신고서는 편하게 걷기 힘들고 편하게 면접을 보기도 힘들 수 있다. 나의 불편함이 면접관에게 그대로 전달된다.

지원자 복장

자세는 매우 중요하다. 그 사람의 성격과 현재 기분, 심지어 면접에서는 면접을 얼마나 잘 준비했는지 직무에 대한 자신감이 얼마나 있는지 등을 판단할 수 있기 때문이다. 그래서 면접을 보는 내내 자신의 자세에 대해 생각해야 한다. 하지만 많은 학생과 구직자들이 알아야 하는 사실이 있다. 면접 복장이나 화장, 헤어스타일이 자세만큼 중요하지는 않다는 것이다. 면접관이 보는 것이 지원자가 얼마나 예쁜지가 아니라는 것을 인지하자. 직무 능력의 부족함과 미비한 면접 준비로 인한 자신감 부족을 화려한 화장과 멋진 헤어스타일로 숨길 수 없다는 사실을 잊지 말아야 한다.

2) 면접 스피치와 NCS 구조화 면접의 이해

면접에서 불합격하는 지원자들의 이유를 생각해 봤을 것이다. 떨어지는 지원자의 가장 큰 이유는 해당 기업이나 직무와 맞지 않기 때문이다. 그러면 지원 분야와 적합하다는 것을 충분히 어필한다면 합격할 가능성이 크다는 이야기이다. 하지만 불합격하는 대다수의 지원자는 자신의 강점을 강하게 어필하지 못했기 때문에 떨어진 것이다. 취업을 위해 그리고 희망 기업에 입사하기 위해 노력해온 사실이 헛되지 않도록 이를 면접에서 잘 표현해내는 것이 관건이다. 그래서 스피치가 중요한 것이다. 면접관에서 정확하게 자신의 강점을 전달하고 효과적으로 나의 의견을 표현하는 방법을 살펴보며 이력서상 충분히 기업과 적합한 인재이고 훌륭한 인성을 가졌음에도 떨어지는 일은 없도록 하자.

(1) 비언어적 전달의 중요성

스피치를 떠올리면 발음과 발성 등 언어적 의사소통을 먼저 떠올릴 것이다. 하지만 면접에서 언어적 전달이 얼마나 중요한지는 이야기하지 않아도 이미 너무 잘 알고 있기에 비언어적 의사소통에 대해 먼저 말하고자 한다. 여기서 말하고자 하는 비언어적 의사소통은 시선처리와 제스처다. 불안하고 자신 없는 시선처리가 면접의 당락에 영향을 끼치는 만큼 면접 전 긴장할 시 본인은 어떻게 시선처리를 하는지 점검할 필요가 있다. 상대의 눈을 바라보고 이야기하는 연습을 하고, 특히 바닥이나 천장을 보고 이야기를 하는 경우는 없도록 하자. 그리고 다른 지원자가 이야기하고 있을 시에도 언제든 질문을 받을 준비가 되어 있다는 의미로 면접관을 바로 보고 있으면 된다. 흔히 하는 실수 중 하나가 다른 지원가가 답변을 하고 있을 때 면접장 다른 곳을 보거나 이야기하고 있는 지원자를 바라보는 것이다. 이는 조심해야 하는 행동이며 삼가도록 하자. 제스처는 적절하게 사용하면 자연스럽게 대화를 잘하는 사람으로 인식되며 효과적으로 자신의 의견을 전달할 수도 있다. 하지만 과한 제스처는 이야기에 집중하지 못하게 하며 산만해 보일 수 있으니 조심하자.

(2) 효과적으로 의사 전달하는 법

[A-B-A']는 자기소개서 작성을 하며 이야기한 글의 구조다. 이는 이야기할 때도 활용할 수 있다. 자신의 이야기를 정확하게 전달하기 위한 방법으로 [A-B-A'] 구조를 사용할 것이다. 면접관의 질문에 대해 자신의 주된 생각(A)을 먼저 이야기하고 근거가 되는 경험 및 사례(B)를 간략하게 이야기한 후 마무리로 다시 자신의 생각(A')을 되짚어 준다. 그러면 면접관의 질문에 대해 제대로 이야기함은 물론이고 자신의 생각도 명확히 전달 가능하다.

A-B-A' 구조 답변 연습하기	
Q. 학창 시절 팀워크를 발휘해 본 경험이 있습니까?	
A (핵심 답변)	
B (근거 경험)	
A' (답변 재강조)	

자신의 의견을 효과적으로 전달하기 위한 다음 방법은 너무 길게 이야기하지 않는 것이다. 기본 경험(인성) 면접에서는 답변이 30~40초를 넘지 않도록 한다. 면접관은 지원자의 답변을 듣고 궁금한 점에 대해 다시 질문할 것이다. 때문에 굳이 길게 구구절절 이야기할 필요는 없다. 핵심만 간략하게 이야기하도록 하자. "예", "아니오" 단답형으로 이야기하라는 것은 아니다. 앞서 이야기한 구조를 활용해 이야기하고 30초가 넘지만 않도록 하자. 단, 상황(역량) 면접의 경우 충분히 길게 답변해도 좋다. 지원 직무와 연관된 이야기를 하기에 충분히 본인이 알고 있는 전공 지식이나 기타 직무 역량을 드러내기 위한 근거를 나열해도 괜찮다. 면접 연습을 하면서 답변의 길이나 시간을 고려하며 이야기해 보자.

A-B-A' 구조로 30초 내외 답변 연습하기

Q. 조직을 위해 불편함을 감수하고 일을 진행한 경험이 있습니까?	
A (핵심 답변)	
B (근거 경험)	
A' (답변 재강조)	

30초 내외로 위 질문에 대해 답변을 하면 본격적으로 면접관이 해당 답변에 대한 궁금한 사항을 다시 질문하기 시작할 것이다. 그것이 구조화 면접이다.

(3) STAR 구조를 활용한 구조화 면접 연습

이제 STAR 구조는 익숙해졌을 것이다. 자기소개서에서도 활용했지만 이 구조는 면접에서도 매우 잘 활용할 수 있다. 특히 NCS 기반 면접에서는 기존 면접과 달리 면접문항을 구조화시켜 체계적으로 지원자를 평가하려고 하니 STAR 구조는 더욱 필요하게 되었다. NCS 기반 면접에서 이 구조를 어떻게 활용하는지 알아보자.

S (situation, 상황)	**〈직무와 관련하여 직업기초능력, 직무 수행능력이 발휘되어야 하는 중요하고 난이도가 있으며 자주 발생하는 구체적인 상황〉** 예) 당신은 우리 기관의 교육을 운영하는 담당자입니다. 내일부터 서울에서 진행하는 과장급 교육과정의 입과 대상자들 중 ○○지역 근무자가 개인사정을 이유로 참석이 불가능하다는 내용을 전화로 통보해 왔습니다.
T (task, 과제)	**〈그 상황에서 수행되어야 하는, 수행할 것이라 기대되는 과제 혹은 과업〉** 예) 위 상황에서 당신이 제일 먼저 처리해야 할 업무는 무엇인가요?
A (action, 행동)	**〈그 과제를 수행하기 위한 절차와 방식, 그 절차와 방식을 선택해야 하는 이유나 근거〉** 예) 그 업무를 처리하는 절차/방식은? 그 업무를 우선적으로 처리하는 이유/근거는?
R (result, 결과)	**〈그 행동으로 얻으려는 결과와 그런 상황이 다시 발생할 때의 대처 방안〉** 예) 그 업무를 통해 얻으려는 결과는? 이런 상황이 다시 발생할 가능성이 있다면 어떤 대비를 해야 하나요?

구조화 면접 연습

Q. 조직의 원칙과 절차를 철저히 준수하여 업무를 수행하여 성과를 향상시킨 경험에 대해 구체적으로 말씀해 주십시오.

상황 (S)
Q. 구체적으로 언제, 어떤 조직에 속해 있을 때 경험이었습니까? 그 조직의 특성은 무엇이었습니까? 해당 조직에서는 얼마나 일했습니까?

임무 (T)

Q. 과제에 적용되는 조직의 원칙은 무엇이었습니까? 당신이 조직에서 맡은 역할은 무엇입니까? 해당 규칙은 왜 중요하다고 생각하였습니까? 불편함은 없었습니까?

역할 및 노력 (A)

Q. 어떻게 규정을 적용시켜 업무를 수행하셨습니까? 그 규칙을 지키기 위해 스스로 어떤 노력을 기울이셨습니까? 동료들은 어떤 태도였습니까? 업무과정에서 규정을 준수해야 한다고 생각한 이유는 무엇입니까?

결과 (R)

Q. 업무의 성과는 어느 정도였습니까? 성과에 만족했습니까? 비슷한 상황이 온다면 어떻게 하시겠습니까? 이 경험을 통해 배우신 것이 있습니까?

면접관은 최초 질문에 대해서 S, T, A, R의 순서에 따라 지원자에게 이와 같이 질문할 것이며 이것이 구조화 면접의 핵심이다. 면접을 준비하면서 이와 같은 순서로 각 질문에 대해 답변을 하는 연습을 하다 보면 구조화 면접이 편해질 것이다.

3) 면접 전 체크리스트

면접 전 점검 사항	
1. 자기소개서 내용은 잘 숙지하고 있는가?	
2. 회사 위치는 정확히 파악했는가? 교통편은 알아보았는가?	
3. 시간은 정확히 파악했는가?	
4. 면접에 필요한 준비물은 챙겼는가?(수험표, 주민등록증, 지갑 등)	
5. 기업의 최신 신문 기사 등을 검색해 보았가?	
6. 면접 복장 점검은 했는가?	
7. 자기소개, 지원동기 등의 예상 질문에 대해 대비했는가?	
8. NCS 홈페이지 혹은 기타 채용 관련 홈페이지를 통해 기출 질문을 보았는가?	
9. 지원하는 회사의 정식 명칭을 알고 있는가?	
10. 약속된 면접 시간보다 여유 있게 도착하도록 계획을 세웠는가?	
11. 조간신문의 주요 면을 꼼꼼히 읽었는가?	
12. 면접 후기를 찾아보았는가?	
13. 1분 자기소개와 마지막으로 할 말을 준비했는가?	
14. 지원 기업에서 생산하는 제품이나 서비스 명칭을 알고 있는가?	
15. 지원 기업의 경쟁사와 고객에 대해 알고 있는가?	
16. 다른 사람과 차별화된 나의 경쟁력을 어필할 수 있는가?	
17. 해당 기업의 인재상을 알고 있는가?	
18. 자신감 있고 당당한 나의 모습을 보여줄 수 있는가?	
19. 다른 지원자의 말을 경청할 준비가 되어 있는가?	
20. 회사에 대한 애정을 표현할 이야기를 준비하였는가?	

CHAPTER 09

면접 실전

09 면접 실전

학습목표

1. 스스로 면접관이 되어보며 자주 나오는 질문이 무엇인지 유추할 수 있다.
2. 여러 방법으로 강점을 어필하는 자기소개를 할 수 있다.
3. 모의면접을 실시해 면접에 대한 두려움을 없앨 수 있다.

1 자주 나오는 질문 대비하기

내가 면접관이라면 지원자에게 꼭 하고 싶은 질문과 그 이유
·
·
·
·
·
·

1) 예상 질문 답변 만들기

면접에서 가장 많이 물어보는 질문은 "왜 지원하셨습니까?"가 아닐까. 지원한 회사 혹은 직무에 왜 지원했는지에 대한 질문이 가장 많이 하는 질문이다. 많은 학생이 자신이 면접관이라도 이 질문을 꼭하겠다고 말하는 것처럼 기업의 입장에서도 해당 기업에 왜 지원했는지 궁금할 것이다.

지원 동기는 자기소개서 항목에도 필수로 포함되어 있고 면접 때도 흔히 많이 물어보는 질문 중 하나이다. 이 질문에 대해 많은 지원자가 기업의 이념이나 가치관, 회사의 이슈나 복리후생 등을 이유로 들며 지원 동기를 이야기한다. 회사 전체 사업이나 분위기 등도 중요하지만 조금 세세하게 들어가 회사 사업 중 만들어지는 제품이나 서비스 하나의 주요 장점을 생각해 보고 지원 동기와 연관시켜도 좋을 것이다. 또한 해당 제품이나 서비스 등에 대한 소비자의 인지도나 타 업체와의 경쟁에서 우위점에 있는 것들을 이유로 들어 이야기해도 좋다.

흔히 나오는 질문 대비하기
Q. 우리 회사를 지원한 이유가 무엇입니까?

흔히 많이 묻는 두 번째 질문은 자기소개를 하는 것이다. 물론 요즘은 묻지 않는 기업도 많이 있다고 한다. 지원자들의 자연스러운 모습을 보길 원하는 추세인데 준비된 자기소개를 기계처럼 읽는 모습을 기업에서는 바라지 않을지도 모르겠다. 하지만 여전히 많이 묻는 질문 중 하나이니 자연스럽게 자신을 소개할 방법을 찾아봐야 한다.

자기소개는 여러 방법이 있다. 그 중 소개하고자 하는 방법은 세 가지이다.

자기 PR 방법	
스토리텔링형 자기소개	• 직무와 연관성이 높은 일에서 성과를 낸 경험 • 직무와 연관성이 없는 일이라도 직무 역량을 발휘한 일 • 직무 강점을 잘 드러낼 수 있는 일을 한 경험 • 위의 경험들을 소개하며 자신이 해당 직무를 얼마나 잘 수행할 수 있을지를 이야기함
강점 강조형 자기소개	• 2, 3가지 강점을 소개하고 그 근거를 이야기함 • 소개할 강점은 직무 역량과 연관성이 높을수록 좋음
직무 준비형 자기소개	• 해당 직무를 수행하기 위해 노력한 점을 이야기 • 입사하기 위해 노력한 점을 이야기하며 준비성 성실성 어필 가능

세 가지 유형의 자기소개 모두 공통적으로 경험과 강점을 이야기하고 있으며, 마무리는 자신의 경험과 강점을 잘 살려 회사에서 하고 싶은 일을 말하는 등의 입사 포부를 이야기해 주면 좋다.

또한 면접 형태나 장소에 따라 자기소개가 조금씩 달라졌으면 한다. 1:1로 진행되는 개별면접의 경우 그 특성에 맞게 편안하면서도 자연스러운 PR이 되도록 하는 것이 중요하다. 그리고 타 지원자가 함께 있어 시간적으로 쫓기는 상황이 아니기 때문에 짧게 하는 것보다는 1분 정도 이야기할 수 있도록 준비하는 것이 좋다. 너무 짧게 할 경우 준비 부족으로 보일 수 있기 때문이다. 반대로 집단면접의 경우 1분은 길다. 업무역량과 해당 기업에 잘 융합될 인재라는 것을 중점으로 자신의 강점을 40~45초 정도로 준비하도록 하자. 다대다로 진행되는 것이 보통이라 지원자들 간의 차별화된 자기 PR 전략을 세우는 것이 중요하고 시간이 제한되어 있음을 기억하자. 그리고 개별면접과 비교했을 때 좀 더 열정적이고 패기 있는 모습을 보여주는 것도 좋다. 때에 따라 토론면접에서도 자기 PR을 해야 할 경우가 있다. 토론면접은 시간제한이 엄격하므로 토론에 방해가 되지 않는 선에서 간단하게 하는 것이 좋고 토론 주제와 연관성이 있는 키워드와 토론면접에서 중요하게 생각하는 경청, 배려, 자기 의사 표현 등을 조화롭게 섞어 이야기하면 좋은 인상을 남길 수 있다. 마찬가지로 발표 면접(PT면접)에서도 자기소개를 할 경우 발표시간이 정해져 있으므로 20초 내외로 간단하게 준비하도록 하자. 면접의 마지막 단계인 임원 면접에서는 기존에 준비했던 직무 역량에 인성과 열정을 좀 더하자. 임원 면접은 역량 검증을 위한 면접이라기보다 인성과 기업에 대한 열정을 점검하고자 하는 면접이기 때문에 이에 맞게 자신의 인간성과 열정을 보여주면 좋겠다.

예)

스토리텔링형 자기 PR 만들기	
들어가기(주위 환기)	안녕하십니까. OO호텔 고객서비스팀에 지원한 맞춤서비스가 가능한 지원자 OOO입니다.
직무와 연관성이 높은 강점 드러내기 (경험 알리기)	저는 학창시절 OO커피숍에서 아르바이트를 3년간 하며 고객서비스에서 중요한 점이 무엇인지 확실히 배울 수 있었습니다. 다양한 고객들을 만나며 3년간 긴 고객 서비스 교육을 받은 듯합니다. 2년 전 어느 날 아메리카노를 주문해서 드시고 너무 쓴 커피 맛에 매우 화를 많이 내신 고객님이 계셨습니다. 나이가 지긋한 어르신에게 투샷이 들어가고 탄 맛이 많이 나는 저희 커피가 낯설고 매우 썼을 거라 생각하니 죄송한 마음이 들었습니다. 그래서 충분히 설명 드리고 헤이즐럿 시럽을 무료로 넣어드렸던 적이 있습니다. 이 경험 이후로 매장 내 영어로 된 음료 이름을 보다 쉽게 알 수 있도록 게시하는 등 전 연령대, 남녀노소 누구나 쉽게 접근할 수 있는 환경을 만드는 데 앞장섰습니다. 또한 사람에 따라 서비스를 달리해야 한다는 걸 느꼈습니다. 이후 고객에 따른 맞춤 서비스에 대해 늘 관심을 가지게 되었습니다.
직무와 본인 강점 연결시키기	OO호텔에는 인종도 성별도 나이도 정말 다양한 고객이 방문하는 걸로 알고 있습니다. 획일화된 서비스가 아니라 대상에 따른 맞춤 서비스가 확실히 필요한 곳이라 생각합니다.
포부 드러내기	서비스직 업무 경험을 통해 배운 고객 맞춤 서비스를 OO호텔에서 발휘해 고객 서비스팀에 도움이 되는 직원이 되겠습니다.

스토리텔링형 자기 PR 만들기	
들어가기(주위 환기)	
직무와 연관성이 높은 강점 드러내기 (경험 알리기)	
직무와 본인 강점 연결시키기	
포부 드러내기	

예)

강점 강조형 자기 PR 만들기	
들어가기(주위 환기)	안녕하십니까. OO연구소 회계직무와 맞는 3가지 강점을 가지고 있는 지원자 OOO입니다.
강점 3가지 및 근거 제시하기	먼저 저는 주변에서 꼼꼼하다는 이야기를 아주 많이 듣습니다. 학부 재학 중 연구실에서 업무보조 일을 도맡아 하며 연구비 내역 처리와 기자재 구입 및 정리를 관리하며, 특히 꼼꼼하다는 이야기를 많이 들었습니다. 이는 저의 큰 강점 중 하나입니다. 두 번째 제 강점은 직무 관련 전문성입니다. 기계공학을 전공하면서 부전공으로 회계학을 하며 회계 이론에 대해 학습했으며 관련 자격증 3개를 취득해 직무 수행을 잘 할 수 있게 준비해왔습니다. 마지막 제 강점은 끈기가 있다는 것입니다. 낯설고 힘들었던 첫 아르바이트도 같은 곳에서 3년간 했으며 한 번 시작한 취미는 전문가 수준이 될 때까지 하곤 했습니다.
직무와 본인 강점 연결시키기	회계직무를 수행함에 있어 업무 관련 지식뿐 아니라 꼼꼼한 성격이나 진득하게 한 업무를 수행할 끈기 또한 필요하다고 생각합니다.
포부 드러내기	이런 면에서 저의 강점을 120% 활용한다면 OO연구소 회계업무에 큰 도움이 될 것이라 확신합니다. 감사합니다.

강점 강조형 자기 PR 만들기	
들어가기(주위 환기)	
강점 3가지 및 근거 제시하기	
직무와 본인 강점 연결시키기	
포부 드러내기	

예)

직무 준비형 자기 PR 만들기	
들어가기(주위 환기)	안녕하십니까. OO기업 품질관리 업무에 지원한 지원자 OOO입니다. 품질관리 업무에 도전하고자 크게 3가지 노력을 해왔습니다.
해당 직무를 위해 준비한 사항 3가지	첫째, 교내에서 주기적으로 열리는 품질관리 종사자의 특강을 꾸준히 참석했습니다. 이 특강을 통해 현직자와 소통하며 품질관리 직무에 대한 이해도를 높였습니다. 특히 실제 현장에서 사용하는 프로그램이나 자주 발생하는 문제, 그리고 특별히 미리 학습해서 갈 것들이 무엇인지 알 수 있어서 큰 도움이 되었습니다. 둘째, 품질관리 실무자 교육 450시간을 이수하며 현장품질관리, 공정품질관리를 통해 SWOT, Risk분석, P-D-C-A기법 및 3정5S활동 등 품질 기본 Process 등 보다 현장에서 빠르게 적응하고 대처할 수 있는 역량을 키웠습니다. 마지막으로 다양한 협업을 통해 커뮤니케이션 능력을 길렀습니다. 캡스톤디자인뿐 아니라 여러 교과 수업에서 팀 작업을 많이 하면서 공동의 목표를 정하고 달성하기 위해 의견을 조율하고 정리하는 능력을 기를 수 있었습니다.
포부 드러내기	품질관리 실무자 교육을 통해 배운 이론적 지식과 현직자들을 통해 알게 된 현장 상황을 토대로 입사 후 누구보다 빨리 일을 배우고 적응할 자신이 있습니다. 또한 원활한 소통 능력으로 타 부서와의 업무도 문제없이 진행해내겠습니다. 이상입니다.

직무 준비형 자기 PR 만들기	
들어가기(주위 환기)	
해당 직무를 위해 준비한 사항 3가지	
포부 드러내기	

2) 기출 면접 질문 알아보기

지원자 자기 고찰형 질문	약점에 대해 묻는 질문
• 자신을 한 단어로 표현한다면? • 일탈을 해본 경험이 있나요? • 꿈은 무엇인가요? • 가장 인상 깊게 본 영화 한 편과 이유는 무엇인가요? • 이런 사람이 되지 말아야겠다는 사람은 어떤 유형인가요? • 가치관은 무엇이며 그렇게 살아왔다는 증거를 이야기해 주세요. • 가장 친한 친구를 소개해 주세요. • 성장과정에서 자신에게 가장 영향을 끼친 사람이 누구입니까? • 자신은 어떤 직장 상사가 되고 싶습니까? • 절대 만나기 싫은 동료는 어떤 사람입니까?	• 영어성적이 많이 낮은데 우리 업무 중 외국 바이어를 만날 일이 있습니다. 어떻게 대응할 것인가요? • 다양한 아르바이트 경험은 좋으나 여러 분야에서의 사회생활은 자칫 집중력이 약하다는 평가를 받을 수 있습니다. 어떻게 생각하는가요? • 남자와 화장품 판매는 다소 연관성이 낮은데 잘 할 수 있나요? • 전공 학점 중 C+가 많은데 필터링 할 수 있는데도 불구하고 왜 그랬나요? • 생산관리는 현장 직원과의 협력이 중요한데 전혀 학업 이외에 다른 활동을 하지 않았네요. 이 부분 보완 가능합니까? • 비전공자인데 이 직무를 수행할 수 있겠습니까?
기업에 대해 묻는 질문	**직무 관련 아이디어형 질문**
• 한국전력공사에서 사용하는 전기 기기에 대해 아는 것이 있으면 말해 보세요. • 태양관발전이 한전에 미치는 영향은 손실인가, 이익인가요? • 한전에 대한 최근 뉴스에 대해 말해 보세요. • 국민건강보험공단에 대해 아는 것이 있다면 다 말해 보세요. • 고령화 시대에 국민건강보험공단이 어떻게 해야 할 것인가요? • 기초연금과 노령연금의 차이에 대해 말해 보세요. • 국민연금의 기금이 고갈되는 원인과 해결책을 말해 보세요. • 국민연금과 금융권에서 실시하는 연금의 차이에 대해 말해 보세요. • 메트로가 어디를 운영하는지 알고 있나요?	• 우리 지역에서 다른 영화관과 차별화된 마케팅 전략이 어떤 것이 있을까요? • 마케팅 관점에서 본인의 차별화 포인트를 발표하세요. • 힙스터를 키워드로 프로그램을 제작해 보세요. • 가장 한국다운 콘텐츠를 기획하세요. • K-CON의 문제점을 제시하고 활성화 방안을 제시하세요. • 현재 생각보다 A프로그램이 잘 되지 않고 있는데 효과적인 홍보방안이 있다고 생각하는가요? • 병원 내 방문한 환자가 가장 편하게 이동할 수 있도록 동선을 짜보세요. • 7세 어린이가 편안하게 치과치료를 받고 갈 수 있는 방법을 이야기해 보세요.

역사 상식 및 사회 이슈에 대한 질문	곤란하게 만드는 질문
• 정도전과 정몽주 중 어느 편을 지지하는가요? • 훈민정음 국보 1호 지정에 대해 어떻게 생각하는가요? • 임진왜란 시, 이순신 장군이 마주한 상황을 제시하고 어떤 선택을 할 것인지 말해 보세요. • 태조 이방원의 왕권강화 정책과 신권강화 정책 중 자신의 입장을 피력하시오. • 미투 운동에 대한 긍정적 입장과 부정적 입장에 대해 이야기해 보세요. • 일본의 혐한 분위기가 우리 회사에 미칠 영향은 무엇이라 생각합니까? • 의료인의 입장에서 존엄사에 대해 어떻게 생각합니까?	• 상사와 마찰이 있다면 어떻게 해결하겠습니까? • 지원부서와 발령부서가 다르다면 어떻게 하시겠습니까? • 우리 회사가 당신을 채용해야 하는 이유는 무엇입니까? • 사수가 10년 동안 엔진오일 교체만 시킨다면 어떻게 할 것인가요? • 상사가 불합리한 지시를 한다면 어떻게 하겠습니까? • 입사 후 회사와 맞지 않다면 어떻게 하실건가요? • 다른 회사도 지원했습니까? • 4차 산업혁명으로 인해 가장 먼저 사라질 직업은 무엇이며 우리 직무의 미래는 어떻게 될 것이라 생각합니까?
자신감 확인용 질문	**각종 경험에 대한 질문**
• 왜 자신이 지원한 분야에 적합하다고 생각하는가요? • 뭔가를 성공시켜본 경험을 이야기해 주세요. • 주위에서 자신을 어떻게 평가합니까? • 인생에서 가장 잘했다고 생각하는 선택은 무엇입니까? • 가장 최근 타인에게 인정받은 일은 무엇입니까? • 자기를 표현할 수 있는 준비물을 준비해오라. • 자신만의 영업 전략을 활용해 자신을 판매해 보세요. • 본인을 두 가지 단어로 설명해 보세요.	• 인생에서 가장 힘들었던 경험은 무엇인가요? • 리더를 맡았던 경험이 있으면 말해 보세요. • 조직을 위해 희생했던 경험이 있으면 이야기해 보세요. • 팀으로 활동하면서 갈등을 겪은 적이 있습니까? • 학창시절 주로 몰입했던 일이 무엇입니까? • 도전 혹은 실패 경험을 말해 주세요. • 직무와 가장 연관성이 높은 경험은 무엇입니까? • 자신과의 싸움이 가장 필요했던 일은 무엇입니까?

3) 면접 질문 만들어보기

면접을 보기 전 많은 학생이 해당 기업의 면접 기출 문항을 찾거나 예상 질문이 무엇일지 제일 궁금해 한다. 면접 예상 질문의 답은 해당 기업에 입사할 때 제출한 입사서류에 있다. 기본적으로 많은 지원자에게 공통적으로 물어보는 질문 이외에 경험(인성) 면접에서 묻는 질문은 지원자가 작성한 자기소개서의 내용과 이력서상 작성한 경력 혹은 자격증 등을 기반으로 한다. 그래서 면접을 보기 전 제출한 입사서류 검토는 필수이며 서류를 통해 예상 질문 또한 만들어 볼 수 있다.

그리고 상황(역량) 면접의 예상 질문이 궁금하다면 전공서적과 직무 분석을 한 내용을 토대로 예측할 수 있다. 특별히 지원 직무에서 전문성을 요구한다면 더욱 전공서적이나 실습 시 배운 내용들을 떠올려야 한다. 예를 들어 간호사는 전문성을 확실히 평가해야 하는 직무다. 그래서 역량면접이 강조되며 전공 이수를 제대로 하고 왔는지 질문한다. 그래서 역량 면접에서 다음과 같은 질문을 한다.

OO대학교 병원 면접 질문

Q. 기관지 천식 환자 간호법을 아는대로 설명하세요.
Q. Urine 백 관리법을 이야기해 보세요.

이력서와 자기소개서를 토대로 면접 예상 질문 10개 만들어보기
1.
2.
3.
4
5.
6.
7.
8.
9.
10.

직무 관련 면접 예상 질문 10개 만들어보기
1.
2.
3.
4
5.
6.
7.
8.
9.
10.

2 면접 연습하기

면접을 가장 잘 보는 사람은 면접을 많이 본 사람이다. 즉, 면접을 잘 보려면 면접 연습을 많이 해야 한다. 운동과 같다. 오랜 숙련기간을 통해 열심히 연습한 사람이 운동을 잘한다. 물론 재능도 조금 있어야 한다. 하지만 재능을 뛰어넘어 핸디캡이 있음에도 운동을 잘하는 사람들이 있다. 면접도 마찬가지이다. 기본적으로 말을 잘하고 표현능력이 뛰어난 말 그대로 재능이 있는 사람이 있지만 연습을 많이 한 사람을 이기지 못한다.

1) 모의면접 실시하기

취업을 준비하는 사람들과 함께 모여 면접을 연습해 보며 서로의 장단점을 피드백해 주는 과정을 거쳐 면접을 더 이상 불편하고 힘든 것이 아닌 나를 어필할 수 있는 좋은 기회로 생각하도록 해 보자. 모의면접은 다음과 같은 방법으로 진행한다. 면접관, 면접자, 관찰자의 역할을 나누고 돌아가면서 역할을 바꿔주며 서로에게 좋은 피드백을 하는 것이다.

[면접관]

면접관은 면접자의 이력서와 자기소개서를 토대로 면접 질문 리스트를 작성하고 질문을 한다. 질문 리스트를 구성할 땐 개인 신상에 대한 질문은 배제하고 직무와 연관성이 있는 질문을 하고, 자기소개서에 소개된 경험이나 자격증 등을 토대로 질문한다. 실제 직원을 채용한다는 생각으로 면접을 진행하며 개인의 역량을 파악하는데 주력한다.

[면접자]

면접자는 실제 면접이라는 생각으로 본인이 지원 희망하는 기업 혹은 직무에 맞게 준비한 답변을 면접관에게 하면 된다. 여기서 중요한 점은 진지하게 면접에 임해야 한다는 것과 기대했던 피드백이 아니더라도 긍정적으로 받아들이는 것이다.

[관찰자]

모의면접에서 관찰자의 역할은 매우 중요하다. 모의면접을 하는 이유가 여기에 있기 때문이다. 면접을 보고 있는 면접자 역할의 사람이 면접에 어떻게 임하는지 평가표에 따라 피드백을 정확히 해 줘야 하는 역할이기 때문이다. 면접관이 보지 못하는 부분까지 관찰자가 세심하게 살펴본 후 면접자에게 도움이 될 만한 정보들을 전달해 준다.

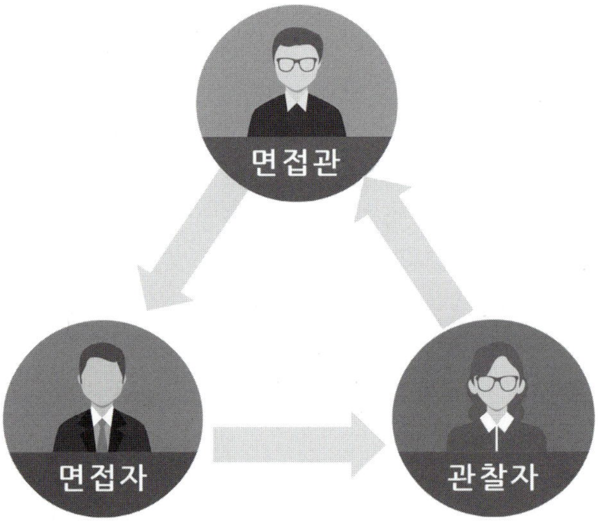

모의면접 피드백용 평가표

항목	체크포인트	평가등급			의견
		A	B	C	
시각적 요소	시선 처리는 바른가				
	나쁜 습관은 없는가 (한숨 쉬기, 머리 긁적이기 등)				
	자세 및 인사 태도는 적당한가				
	경청하는 태도인가				
	복장은 적합한가				
	표정이 밝은가				
청각적 요소	목소리 음량(크기)				
	발음은 정확한가				
	말의 속도는 괜찮은가				
답변 구성	경험을 잘 이야기했는가				
	명확한 질문 의도 파악				
	근거를 잘 제시했는가				
	자신감 있는 주장인가				
	질문 맥락과 무관한 발언인가				
	ABA' 구조를 활용했는가				
	STAR기법을 이해했는가				
	직무와 연결시켜 이야기하는가				
종합의견					

모의면접 피드백용 평가표

항목	체크포인트	평가등급			의견
		A	B	C	
시각적 요소	시선 처리는 바른가				
	나쁜 습관은 없는가 (한숨 쉬기, 머리 긁적이기 등)				
	자세 및 인사 태도는 적당한가				
	경청하는 태도인가				
	복장은 적합한가				
	표정이 밝은가				
청각적 요소	목소리 음량(크기)				
	발음은 정확한가				
	말의 속도는 괜찮은가				
답변 구성	경험을 잘 이야기했는가				
	명확한 질문 의도 파악				
	근거를 잘 제시했는가				
	자신감 있는 주장인가				
	질문 맥락과 무관한 발언인가				
	ABA' 구조를 활용했는가				
	STAR기법을 이해했는가				
	직무와 연결시켜 이야기하는가				
종합의견					

모의면접을 통한 나의 면접 보완점 알아보기	
시각적 요소	
청각적 요소	
답변 구성	

CHAPTER 10

창업의 이해

10 창업의 이해

학습목표

1. 창업에 대한 이해와 가능성을 파악할 수 있다.
2. 창업에 대한 준비의 첫걸음을 시작할 수 있다.
3. 창업 예비자에게 필요한 창업 성향과 이해수준을 파악할 수 있다.

생각해 봅시다 _공차 김여진 대표

대학을 갓 졸업한 후 남편을 따라 싱가포르에 따라가 공부를 하며, 한편으론 평범한 가정주부로 살던 김여진씨는 밀크티를 마시러 '공차' 가게에 들러 매일 밀크 티를 마시는 것이 하나의 즐거움이었다. 싱가포르에 살고 있던 그는 밀크티를 처음 맛본 뒤, 국내에 도입하면 잘 될 것 같다고 생각했다. 국내에서 커피에 비해 덜 알려져 있어 신선하고, 특히 커피를 마시지 않는 어린 아이들도 즐길 수 있는데다, 탄산음료에 비해 건강음료로써 매력도 커 오히려 커피전문점에 비해 더 넓은 고객층을 확보할 수 있을 것으로 판단했다.

공차(貢茶)는 '황제에게 진상하는 귀한 차'라는 의미를 가졌고, 상표도 고풍스러운 한자로 돼 있어서 프리미엄 브랜드라는 느낌을 줄 수 있었다.

또한 그는 공차 매장의 고객이 남녀노소를 가리지 않는다는 점에 충격을 받았다. 한국의 시각에서 볼 때 차나 커피를 마시러 카페에 가는 사람은 주로 젊은 층이기 때문이다. 그는 국내에도 차 문화에 대한 수요가 있다고 판단, 대만 공차 본사를 수차례 찾아가 국내 판권을 따내는 데 성공했다. 당시 한국에는 스타벅스, 커피 빈, 카페베네 등 커피 전문점이 빠르게 성장하고 있었는데 차에 대한 수요를 정확히 짚은 것이다. 그는 "전 재산을 쏟아 부었기 때문에 '실패하면 길바닥에 나앉아야 한다.'는 절박감이 공차코리아 성공의 밑거름이 됐다"고 말했다.

이미 국내 대기업과 유명 외식업체 몇 곳이 사업권 유치제안서를 낸 상황에서 자금 규모도 작고, 사업경험도 없었던 어린 주부(당시 20대 중반)의 도전에 대만의 공차 본사가 처음에는 황당하다는 반응을 보인 것도 당연한 일이었다. 사업 제안서를 담은 이메일에는 번번이 형식적으로 '확인했다'는 답만 돌아왔고, 본사의 사업권 담당 책임자들도 만나기 힘들었다. 거의 모든 면에서 열세였던 김 전 대표가 다른 경쟁자들을 제치고 공차의 사업권을 따낸 데는 창업자의 마음을 움직인 것이 결정적 계기가 됐다.

다른 경쟁자들과 달리 김 전 대표는 대만과 싱가포르의 모든 밀크티와 음료들을 마셔보고 각 브랜드의 장·단점과 차이 등을 면밀히 분석해 공차 본사에서 여러 차례 프레젠테이션을 했다. 또 아이디어가 떠오를 때마다 이메일로 이를 알리는 대신 대만에 수시로 날아가는 적극성을 보이기도 했다.

결국 공차의 창업자 우전화(吳振華) 회장은 김 전 대표의 해박한 실무지식과 한국 시장에서의 성공 가능성을 내다 본 프레젠테이션에 높은 점수를 줬고, 그녀는 여러 경쟁자를 제치고 사업권을 따내는 데 성공했다.

2012년에 시작한 홍대 1호점은 입소문을 타고 많은 사람이 가맹점을 내 달라고 몰려들었다. 1년 8개월 만에 가맹점은 126개로 불어났고, 김여진 대표는 340억원을 받고 사모펀드에 공차를 매각했다.

창업이라고 꼭 기술이나 아이디어가 있어야만 되는 것은 아니다. 내가 좋아하던 차를 한국에서도 마시고 싶어 창업을 했던 그 열정이, 한국에서 호응이 좋아 프랜차이즈 사업으로 발전하여 젊은 나이에 340억원이라는 부를 안겨 준 '공차'는 한국 창업의 유명한 사례이다.

1. 김여진 대표가 공차를 한국에 들여오게 된 이유는 무엇이었나?
어떤 마인드가 김여진 대표와 공차코리아(한국법인)를 탄생시켰는가?

____

2. 공차코리아가 한국으로 오기까지 어떤 어려움이 있었고, 어떻게 극복하였을까?

____

3. 내가 좋아하는 것을 창업으로 연결한 사례를 읽고 느낀점을 발표해 보자.

____

1 창업이란

창업이란 창의적인 아이디어를 직접 현실화하는 작업으로, 청년들의 창업과 도전에 대한 인식은 중요하다. 대학에서 공부하고 연구한 전공 분야의 창업도 중요하지만 우리의 주변 생활에서 보이는 창업의 성공요소는 너무너무 많다.

창업은 반드시 주업으로 해야만 되는 것은 아니다. 직장생활에서도 늘 문제의식을 통해 직업을 갖고 있으면서 세컨드 직업으로 창업에 대한 아이디어를 실현하는 젊은이들도 많이 볼 수 있다. 창업에 성공한 많은 젊은이도 성실히 직장생활하던 중 새로운 창업 아이디어로 성공하여 본격적인 창업을 하는 경우를 흔히 볼 수 있다.

1) 창업이 필요하다고 전해지는 신호

창업은 시점이 중요하다. 당신의 마음에 다음과 같은 신호가 온다면 당신은 창업을 진지하게 고민해야 할 때임을 알리는 것일 수 있다.

(1) 자유를 좋아한다

사무실 책상에 앉아 있거나 틀에 박힌 조직 안에서 근무하는 것이 답답하게 느껴진다. 발목을 잡고 있는 사슬을 풀고 탈출하는 데는 창업이 좋은 대안일 수 있다.

(2) 역사에 남을 무언가를 만들고 싶다

끝없는 열정과 철저한 계획으로 창업을 통해 성공을 거두기 원한다면 당신 역시 Steve Jobs나 창업사례의 김여진 대표와 같이 역사 속의 위대한 기업가의 반열에 오를 수 있다.

(3) 누군가로부터 지시받는 것이 싫다

직장생활이 마음이 답답하고 자신만의 답을 찾고 싶다면 당신은 창업을 생각하고 있는지도 모른다.

(4) 돈을 빨리 벌고 싶다

많은 돈을 빨리 벌 수는 없다. 그러나 당신의 열정과 시간을 창업에 투자한다면 취업보다는 좀 더 빠른 속도로 부자가 될 수 있다.

(5) 배우는 것이 즐겁다

창업자가 되기 위해선 계속 배워야 한다. 당신이 배움의 즐거움을 안다면 창업 전선에 뛰어들어도 좋다.

(6) 남과 다른 시선으로 세상을 보고 싶다

성공한 창업자들은 남들과는 다른 시선을 갖고 있다. 당신이 창의적인 아이디어가 샘솟는다면 창업을 준비해야 할 시기이다.

2) 평범한 사람들의 창업 결심

(1) 박재준 앤톡 대표

"돈·사회적 지위보다 창조적인 일이 즐거워"

로보어드바이저 스타트업 '앤톡' 박재준 대표 인터뷰

개인 투자자에게 주식정보 분석·제공 '앤톡' 창업
취업으로 관련분야 전문성 쌓은 후 창업하면 유리
핀테크, 투자비용 적고 정부·기업 지원 많아 매력

지난 11월 30일 오후 서울 영등포구 '위비핀테크랩'에서 로보어드바이저(robo-advisor) 서비스 스타트업을 창업한 박재준(32) 대표를 만났다.

앤톡이란 회사 이름은 '개미(Ant)'와 '주식(Stock)'을 버무려 만들었다. 이름 그대로 개미투자자들에게 주식 정보를 제공하는 스타트업이다.

"개인투자자들이 보다 건전한 방식으로 투자할 수 있게 돕고 있어요. 재무제표처럼 간과하기 쉬운 정보를 분석해 이해하기 쉽도록 글이나 인포그래픽 등으로 만들어 제공하는 거죠."

앤톡은 전문용어와 숫자의 나열이었던 주식 정보를 한눈에 알 수 있도록 그림책처럼 쉽게 재가공해 웹사이트에서 무료로 제공하고 있다. 앤톡의 사업 모델은 한국사회적기업진흥원과 한국정보화진흥원의 투자, 코스콤 등의 무료 데이터 지원 등의 성과를 일궈냈다.

박 대표가 앤톡 창업을 결심하게 된 계기는 무엇이었을까. "세상에 새로운 가치를 만들고 새로운 관점을 제시하기 위해서는 회사를 만드는 수밖에 없겠다는 생각이 들었어요. 제가 돈이나 사회적 지위를 좇는 것보다는 창조적인 일을 할 때 즐거움을 느끼기도 하고요."

박 대표는 연세대 경영학과를 졸업하고 미국의 콜롬비아대 경영학석사(MBA) 과정을 1년 만에 마친 인재다. 보다 안정적이고 연봉도 높은 회사로의 취직 기회가 많았을 텐데, 그는 MBA를 졸업하자마자 한국으로 돌아와 2명의 파트너와 함께 앤톡을 꾸렸다.

2명 모두 박 대표와 아주 특별한 사이다. "전병주 최고기술책임자(CTO)는 서비스 플랫폼과 알고리즘 등의 시스템을 개발하고 데이터베이스를 구축하는 업무를 맡고 있어요. 전 이사와 저는 이라크 파병 동기예요. 실사 판 태양의 후예죠(웃음). 마케팅을 맡고 있는 박영준 이사는 제 친동생이고요."

박재준 앤톡 대표가 사업 내용에 대해 설명하고 있다.

아직 젊고 도전정신이 투철한 이들이지만 사업을 시작하면서 '실패'에 대한 부담이 아예 없을 수는 없었다. 그러나 박 대표는 핀테크 창업은 실패 확률이 상대적으로 낮은 분야라고 설명했다.

"핀테크나 빅데이터 분야는 투자비용이 적기 때문에 실패 확률도 낮아요. 또 요즘에는 정부뿐만 아니라 우리은행 같은 기업들도 나서서 스타트업 지원을 많이 하고 있어서 많은 도움이 됐어요."

사업을 시작한지 2년이 다 돼가는 시점에서 돌아봤을 때 특별히 힘들고 어려운 일은 없었을까.

"제일 힘든 부분은 사실 경제적인 문제죠. 그렇지만 스타트업이라면 모두들 겪는 부분이라고 생각하기 때문에 크게 개의치 않으려고 해요."

박 대표는 처음 사업을 시작했을 때 작은 일 하나에도 감정의 동요가 커 힘들었다고 한다.

"스타트업을 준비하는 후배들에게 마음의 온도를 일정히 유지하라고 조언하고 싶어요. 왜, 생고기도 자꾸 얼렸다 녹였다 하면 너덜너덜해지잖아요. 물론 쉬운 것은 아니지만 크고 작은 일들에 무던해져야 사업을 계속 이끌어갈 수 있는 거 같아요."

스타트업에 대한 관심이 높아지면서 창업이나 취업이냐를 고민하는 청년들이 많아졌다. 박 대표는 그런 이들에게 이분법적 사고를 버릴 것을 제안했다.

"취업을 우선 한 다음에 이를 창업의 기반으로 삼으면 좋아요. 관련 영역에서 경험과 전문성을 쌓으면 실력, 노하우, 네트워크가 생기거든요."

실제로 박 대표는 스타트업 이전에 9개국에서 컨설팅 업무 경험을 쌓았다. 그렇다면 박 대표가 생각하고 있는 앤톡의 목적지는 어디일까. 그에게 장기적인 목표를 물었다.

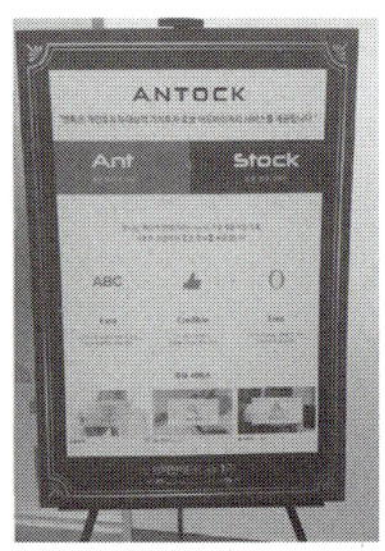

앤톡의 사업 내용을 담은 표지판.

"사람들은 금융에 대해 '돈 놓고 돈 먹는다'는 선입견이 있는데, 모두가 주식을 주도적으로 분석할 수 있게 된다면 이런 선입견이 조금 사라지지 않을까요. 금융시장이 건강해질 수 있도록 기여하고 싶어요. '아시아의 블룸버그'라 할 수 있는 정보 제공 업체로 자리 잡는 게 저희의 목표예요."

(jmin@asiatime.co.kr)

출처: 아시아타임즈

"회계법인에서 일한 지 5년이 되던 어느 날, 정신을 차려 보니 똑 같은 일을 반복하고 있었습니다. 회사를 떠나 내가 좋아하는 새로운 일을 해야겠다는 생각이 들었어요. 이왕 할 거면 내가 산업현장에서 느꼈던 문제점들을 해결하는 일을 해 보자 한 거죠."

(2) 안중근 하울팟 공동창업자

"회사에 소속된 디자이너들은 대부분 제품을 부분별로 분업해서 디자인하거든요. 혼자만의 힘으로 완성시킨 제품을 팔고 싶다는 욕망이 항상 있었어요. 그래서 창업의 위험부담을 감수한 거죠. '안 되면 또 다른 회사로 가지!'라는 생각도 했어요."

출처: 국제신문 포토뉴스

(3) 한완희 빅워크 대표

"원래 하던 일에 불만이 많았어요. 그래서 재능 기부 같은 외부활동을 많이 했죠. 그러던 중 사회적 기업에 관한 다큐를 보게 되었는데 너무 매력적이더라고요. 제가 관심 있던 기부에 관한 일들을 기업화시킬 수 있을지에 대한 고민을 그때부터 시작했어요."

출처: 홈페이지 - 보고, 듣고, 생각하고, 기록하기

2 창업 가능성 검토

창업을 결심한 후 염두에 둔 업종과 아이템이 얼마나 성공을 거둘지 고민이 많을 것이다. 이때 필요한 게 바로 '사업타당성' 검토이다. 즉, 내가 생각하고 있는 창업 아이템이 시장에서 얼마나 잘 팔릴지, 수익은 얼마나 될지 등을 체계적으로 분석해 보는 것이다. 사업자 스스로가 해 볼 수 있는 간단한 분석으로 시장성, 기술성, 수익성을 분석하면 좋다.

사업 타당성 분석 단계		
1. 시장성	2. 기술성	3. 수익성
창업 아이템에 대한 제품 경쟁력, 차별화, 특징 등을 분석하는 시장조사 단계	창업 아이템을 생산, 판매하는 데 드는 기술력을 분석해 제품과 가격 경쟁력을 결정하는 단계	창업 아이템의 수익 가능성을 검토하고 매출, 자금, 지출계획 등을 세우는 단계

1) 시장성 분석

시장동향 분석은 시장 규모를 확인하는 일부터 시작한다. 전문서적이나 인터넷 등을 활용해 해당 아이템이 창업하고자 하는 지역에 얼마만큼의 시장을 형성하고 있는지 알아보는 것이다. 경쟁할 가게의 현황과 전략을 미리 파악해 두는 것도 잊지 말아야 한다. 그리고 고객이 얼마나 될 것인가에 대한 수요 예측도 매우 중요하다. 시장성 분석 작업이 끝났다면 마지막 단계로 본인의 분석 자료를 가능한 한 많은 사람과 공유해 보고 의견을 들어본다.

2) 기술성 분석

시장조사 후 내가 창업하려고 하는 아이템이 얼마나 기술력과 차별성이 있는지 알아보아야 한다. 시장에서 독점적인 기술력을 갖춘 아이템이라면 성공 가능성이 높지만 그렇지 않을 경우 어떤 면에서 차별화를 가져올지 점검하여야 한다. 제품을 판매하는 서비스업이라면 서비스 수준도 매우 중요한 기술력에 속한다. 동일지역, 시장에서의 경쟁업체와 다른 서비스를 제공하는 것도 중요하다. 차별화된 제품경쟁력, 가격경쟁력, 서비스경쟁력, 매장경쟁력 등이 여기에 속한다.

3) 수익성 분석

수익성 분석은 타당성 분석의 마지막 단계이자 최종 목적지이다. 수익이 나오지 않는 아이템은 시장성과 기술력을 갖췄다 해도 창업할 이유가 없다. 결국 시장성과 기술성 분석은 수익성을 따져 보기 위한 준비과정이며, 진짜 중요한 건 수익성이다. 가장 쉬운 방법은 경쟁점포를 분석하는 것이다. 상위 3개를 선정하여 시간대별, 요일별로 조사한 후 최고치와 최저치의 평균을 내 본다. 그리고 창업하는 데 들어간 제반 비용도 확인해 수익성을 확인해 본다.

3 창업 준비의 첫 걸음

창업에 대한 아이템이 사업에 적절한지 검토하는 단계에서 꼭 필요한 과정과 단계를 밟아나가 보자. 일의 경중에 따라 순서를 정하고 그에 맞춰 단계를 밟아나가는 것이 중요하다.

1) 브레인라이팅(Brain-writing)을 하라

창업 아이디어를 구체화하는 데 있어선 '브레인스토밍'보다는 '브레인라이팅'이 더 효율적이다. 아이디어를 자유롭게 쏟아낸 다음 반드시 기록해 놓으라는 말이다. 요즘 시대엔 좋은 아이디어가 떠오르면 스마트폰을 이용하여 녹음해 놓고 옮겨 적는 것도 좋은 방법이다.

2) 시장을 배워라

인터넷으로 검색하고 정보를 수집하는 등 시장에 대해 공부하여야 한다. 업계 종사자에게 의견을 구해 보고 서점에서 창업 성공사례를 찾아보는 등 시장조사 방법은 다양하다. 외부 강의나 전문 보고서를 참고하는 것도 유용하다.

3) 시장의 관심을 끌어라

창업을 시작하기 전에 잠재 고객층을 탄탄하게 다져둬야 한다. 관심을 끌 만한 홍보자료나 영상물을 제작해 온라인 홍보를 시작하는 것도 바람직한 방법이다. 유튜브나 블로그 등에 창업 아이템에 대해 자료나 영상물을 미리 등재해 놓는 것도 좋다.

4) 회사 이름을 지어보라

창업에 앞서 미리 이름을 지어 가져보자. 창업회사의 이름을 갖고 있다면 마인드도 달라질 것이며 창업에 대한 열정도 샘솟을 것이다. 내 마음에 꼭 맞는 사명(회사 이름)을 만들긴 쉽지 않겠지만 미리 준비하는 과정에서의 즐거움이 있다.

(1) 발음하기 좋아야 한다

오랫동안 사랑 받기 위한 이름을 만들기 위해서는 '구글'이나 '스타벅스'처럼 발음하고 듣기 좋아야 한다.

(2) 짧을수록 좋다

미국의 IT 회사 '델'이나 파일 공유 업체 '박스'는 한 단어이다. 짧고 간결한 이름은 기억하기 쉽고 온라인 도메인을 만들기도 좋다.

(3) 지인들의 반응을 반영하라

회사 이름의 후보군들이 있다면 많은 사람에게 보내어 그들의 의견을 반영시켜 보자. 그들의 생각이 고객의 생각일 수 있다.

(4) 모바일 사용자를 고려하라

요즘의 사업은 모바일 기기를 활용한 홍보나 판매가 중요하다. 회사 이름이 스마트폰 화면이나 애플리케이션 아이콘에 잘 어울릴지를 고려해야 한다.

4 창업 성향 자가진단

1) 자가진단의 목적

창업 예비자에게 필요한 사업역량과 준비사항, 아이템 등을 자가진단의 결과를 통해 본인의 부족한 점을 보완할 수 있는 기회를 알아보자. 창업진흥원에서 운영하는 창업넷의 자가진단표를 통해 자신의 창업에 대한 기본역량을 파악해 보자.

2) 자가진단의 구성

자가진단은 창업자 역량, 시장조사, 아이템분석, 비즈니스모델, 비즈니스 전략 등으로 구성되어 있다.

- 창업자 역량은 창업자의 기업가정신 및 창업을 위한 준비 정도를 점검하는 설문
- 시장조사는 제품과 시장을 정의하고 창업자가 자발적 행위에 의해서 시장을 파악했는지를 점검함과 동시에 시장구조 분석, 외부환경 분석 등을 점검하는 설문

- 아이템은 제품, 가격 차별성과 기술경쟁력, 혁신성, 고객니즈 등을 점검하는 설문
- 비즈니스모델은 비즈니스모델 수립, 판매방식, 생산방식과 마진 등을 점검하는 설문
- 비즈니스 전략은 생산, 판매, 인력, 자금 전략 등을 점검하는 설문

3) 자가진단 평가

(1) 각 항목에 대하여 체크한 후 점수를 합산한다.

5점 - 매우 그렇다/4점 - 그렇다/3점 - 보통이다/2점 - 아니다/1점 - 아주 아니다

(2) 합산한 점수에 2를 곱하여 100점 만점으로 환산한다.

(3) 평가점수에 대해 확인한다.

점수	자질 및 가능성	점수	자질 및 가능성
90점 이상	창업 반드시 성공 한다	60점 이상	창업 가능성이 있다
80점 이상	창업 성공 가능성이 높다	50점 이상	창업 가능성이 낮다
70점 이상	창업 성공 가능성이 있다	50점 미만	창업 가능성이 없다

(4) 활용 및 분석

① 각 항목별 점수의 결과를 기준으로 부족한 항목을 확인한다.

① 부족한 부분에 대하여 더 깊이 분석하고 보완한다.

※ 창업넷(www.k-startup.go.kr)을 활용하여 직접 분석하고 도움을 받을 수 있다.

Worksheet

1. 창업자 역량

창업자 역량은 사업가로서 준비되어 있는가를 파악하기 위하여 사업추진 의지 및 기업가정신과 창업관련 경험, 역량 및 사업화를 위한 네트워크 보유 현황 등을 점검한다.

체크리스트	평가				
	5점	4점	3점	2점	1점
1. 나는 평소 자발적으로 계획을 세워서 수행한다.					
2. 나의 창업아이디어(아이템)를 사람들(고객, 투자자 등)에게 설명할 수 있다.					
3. 나는 상황을 파악할 수 있는 통찰력이 있다.					
4. 나는 창업 관련 입상경험이 있다.					
5. 나는 최근 3년 이내에 창업 관련 교육을 받았다.					
6. 나는 사업화를 위한 자금 확보방안이 있다.					
7. 나는 창업기업에 대한 법인세 등 세제지원제도를 알고 있다.					
8. 나는 사업화를 위한 기술/Know-how 확보 방안이 있다.					
9. 나는 사업화를 위한 마케팅 능력(판로, 홍보 등)을 확보하고 있다.					
10. 나는 사업화에 필요한 인력(팀)을 확보하고 있다.					
합계					

※합산한 점수에 2를 곱한다.

점수	자질 및 가능성	점수	자질 및 가능성
90점 이상	창업 반드시 성공한다	60점 이상	창업 가능성이 있다
80점 이상	창업 성공 가능성이 높다	50점 이상	창업 가능성이 낮다
70점 이상	창업 성공 가능성이 있다	50점 미만	창업 가능성이 없다

2. 시장기회

시장기회는 목표하는 서비스와 시장이 명확하게 정의되었으며, 목표시장이 매력적이고 세분화되었는지, 서비스의 외부환경 분석을 통해 시장의 기회를 점검한다.

체크리스트	평가				
	5점	4점	3점	2점	1점
1. 나는 사업아이템과 관련된 예상고객과 만난 경험이 있다.					
2. 나는 사업아이템과 관련된 경쟁업체와 접촉(전화, 이메일, 방문 등) 한 경험이 있다.					
3. 초기에 구매해 줄 목표고객층을 결정하였다.					
4. 초기에 구매해 줄 핵심고객을 알고 있다.					
5. 서비스 목표시장의 추정 규모는 얼마인가?					
6. 서비스와 관련된 소비자 트렌드 변화가 내 사업에 유리하다.					
7. 서비스와 관련된 경제적 변화가 내 사업에 유리하다.					
8. 서비스와 관련된 사회문화적 변화가 내 사업에 유리하다.					
9. 유사한 서비스를 제공하는 기업들의 경쟁이 치열하다.					
10. 유사서비스가 새롭게 출시될 가능성이 있다.					
합계					

3. 아이템 분석

아이템 분석은 서비스 내용, 제공방식, 수익구조의 차별성을 파악하고, 기존 서비스와의 경쟁우위를 파악하고, 고객의 니즈와 확대에 대한 분석을 통해 아이템을 점검한다.

체크리스트	평가				
	5점	4점	3점	2점	1점
1. 나는 서비스 개발의 트렌드(로드맵)를 잘 파악하고 있다.					
2. 나의 서비스는 기존 서비스와 차별화된 서비스 제공방식을 가지고 있다.					
3. 나의 서비스는 기존 서비스보다 추가적인 수익을 창출할 수 있는 방안이 있다.					
4. 나는 고객을 늘릴 수 있는 방법을 알고 있다.					
5. 나의 서비스는 경쟁사가 따라오기 힘든 경쟁우위 요소를 가지고 있다.					
6. 나는 개발하고자 하는 서비스와 관련된 경력을 가지고 있다.					
7. 나는 고객이 누구인지 알고 있다.					
8. 나는 고객이 느끼는 문제점을 파악하고 있다.					
9. 나는 고객이 받는 기존 서비스에 비해 추가적인 혜택을 제공할 수 있다.					
10. 나는 고객의 규모를 파악하고 있다.					
합계					

4. 사업모델

사업모델은 경쟁자의 사업모델의 파악을 기반으로 자신의 차별화된 사업모델을 수립하였는지를 분석하여 사업모델을 점검한다.

체크리스트	평가				
	5점	4점	3점	2점	1점
1. 우리는 성장단계에 따른 적정한 팀을 보유하고 있다.					
2. 우리 조직은 네트워크가 잘 구축되어 있다.					
3. 주요활동은 효율적으로 수행하고 있다.					
4. 제작/제공을 위한 협력파트너를 확보하고 있다.					
5. 아이디어 개발, 제작, 유통 및 소비자 접촉의 과정 각각 에서 중요한 필수 활동들을 알고 있다.					
6. 본인의 사업아이템이 어떻게 수익을 창출할 수 있는지 알고 있다.					
7. 나의 아이템/서비스 사업화, 상품화에 필요한 자금규모를 알고 있다.					
8. 본 사업의 손익분기점을 알고 있다.					
9. 창업사업화를 진행하는 데 필요한 소요비용을 알고 있다.					
10. 서비스의 제작과정을 전체적으로 파악하고 있다.					
합계					

5. 사업전략

사업전략 트랙은 제작, 인력, 판매, 자금 측면에서 전략을 분석함으로써 전략을 점검한다.

체크리스트	평가				
	5점	4점	3점	2점	1점
1. 서비스를 제작할 수 있는 최적의 외주업체를 알고 있다.					
2. 제작·제공과정에서 발생할 수 있는 애로사항을 파악하고 있다.					
3. 회사운영 시 자문을 받을 수 있는 인적 네트워크는 충분히 확보하였다.					
4. 참여인력의 역할과 책임은 명확히 설정되어 있다.					
5. 향후 2년간 분기별 매출액을 예측하고 있다.					
6. 유통경로(중간유통, 직접 판매 등)를 확보하고 있다.					
7. 서비스 판매에 따른 수익구조(판매, 수수료, 이용료, 회비 등)은 명확하다.					
8. 소요자금규모를 알고 있다.					
9. 자금운용계획을 수립하였다.					
10. 창업초기의 서비스 공급규모를 알고 있다.					
합계					

CHAPTER 11

창업의 준비

11 창업의 준비

학습목표

1. 창업을 준비하는 과정과 경쟁력을 파악할 수 있다.
2. 아이템의 선택과 아이템의 가능성을 확인할 수 있다.
3. 창업의 형태와 행정적 업무를 파악할 수 있다.

1 창업의 3요소

창업의 3요소는 통상 창업가, 창업아이템, 창업 자본을 이야기하는데 여기서 가장 중요한 것은 창업가 본인이다. 아이템은 다른 사람의 것을 가져오거나 제안을 받아 선정할 수 있고, 자본은 정책자금을 빌리거나 은행에서 대출을 받을 수 있지만 가장 중요한 창업가 본인의 열정과 마인드, 의지는 다른 사람이 대신 해줄 수 없으므로 가장 중요한 요소임에 틀림없다. 또한 창업에서 성공하였다 할지라도 창업가가 자신을 관리하지 못하면 한 순간에 물거품이 될 수 있기 때문에 창업이나 경영에 있어서 본인의 열정과 의지가 가장 중요하다.

1) 창업가(본인)

창업자는 사업의 주체자로서 사업을 성공시키기 위해 사업아이템 확보, 사업계획서를 만들고 사업타당성 분석 등을 통해 사업을 성공시키기 위해 책임감을 가지고 수행하는 자로서, 사업의 성공 여부는 창업자의 가치관, 수행능력, 기업가 정신이 어떠한가에 따라 결정된다. 창업자는 사업수행 시 발생하는 위험요소를 극복하고 환경변화에 대응할 수 있는 남다른 통찰력과 기업가 정신이 필요하다. 창업자는 자신의 성향과 능력에 맞는 아이템을 선정하는 것이 중요하며, 꾸준한 자기관리를 통해 창업회사를 지속적으로 발전시킬 수 있어야 한다.

2) 창업 아이템

창업을 하는 데 가장 중요한 요소는 어떤 아이디어를 가지고 창업아이템을 선정하는 것인가 하는 점이다. 즉 어떤 제품(또는 서비스)을 만들어 제공할 것인가 하는 점인데, 성공할 수 있는 좋은 아이템이란 시장트렌드와 고객의 니즈에 맞춘 아이템이어야 한다.

아이디어와 기술만 믿고 쉽게 창업했다가 실패하는 경우가 상당히 많은데, 좋은 아이템이란 기술, 고객의 니즈, 서비스, 마케팅 등을 결합시켜 시장에서 좋은 반응을 얻을 때 성공할 수 있는 것이다. 따라서 초보 사업가는 시장에서 이미 검증된 고유 업종을 택하는 것이 좋다.

3) 창업 자본

자본은 창업에 필요한 인력, 사업장 확보, 설비, 재료 부품 원료 및 제반 경비 및 경영에 필요한 자원을 확보하는 데 소요되는 자금을 충당하기 위해 사용된다. 자본은 창업자가 전액 부담하는 경우와 타인 자본을 차입하는 경우, 그리고 투자자금을 유치하여 충당할 수도 있는데, 차입의 경우 정부기관, 지자체 등에서 제공하는 정책자금 또는 금융기관 등을 통해 조달할 수 있다. 창업자금은 사전개업 준비자금, 고정자본, 운전자금 등으로 구분하여 예산을 집행해야 사업운영에 무리가 없으며, 총 자금의 20% 정도는 예비비로 보유하고 있어야 한다.

2 아이템 선택 시 유의사항

업종이나 아이템 선정에서 가장 우선적으로 고려할 사항은 본인의 적성과 전공, 경험을 고려하여 가장 자신 있게 할 수 있는 업종을 선택하여야 한다. 아무리 좋은 아이템이라 하더라도 창업자가 잘 모르는 사업 분야일 경우 문제가 생길 수 있다. 다음 내용을 이해한 후 사례를 중심으로 토의하고 발표해 보자.

1) 경험을 활용하라

창업자의 성공비결은 체육학과 출신으로 워킹 트레이너로 활동한 사회적 경험이 효과적이었다. 창업자가 실제 기능성 신발 업체에서 일하다 보니 현장에서만 얻을 수 있는 정보 등을 접할 수 있었다. 현장에서 창업의 성공 가능성을 확인하고 뛰어든 용기가 지금에 이르게 된 것이다. 기능성 신발의 판매와 더불어 운동 지도로 단골고객을 확보하고 입소문을 유도한 것도 시너지 효과를 냈다. 자신의 경험을 활용한 창업전략이 성공을 이끌어 낸 것이다.

사례 1

수지씨는 체육학과 출신으로 기능성 신발 업체에서 워킹 트레이너로 초청을 받아 일하면서 기능성 신발을 알게 되었다. 직업 특성상 걷기 운동과 자세가 얼마나 중요한지, 또 신발이 얼마나 신체에 영향을 주는지 알고 있었다. 그는 워킹 트레이너로 일하면서 웰빙트렌드를 반영한 기능성 신발이 앞으로 크게 발전할 것으로 전망했다. 결국 성공할 것이라는 확신을 갖고 기능성 신발 매장을 창업했다.

그는 단순히 기능성 신발 판매에만 그친 것이 아니었다. 고객이 기능성 신발을 구입해 신는 것도 중요하지만 더 큰 효과를 보기 위해서는 바른 자세가 수반되어야 한다고 생각했다. 이에 따라 그는 전공을 살려 매장에 짐볼과 런닝머신 등 운동기구를 갖춰놓고 자세교정과 다이어트 상담을 무료로 해 주었다. 그 결과 입소문을 통해 찾아오거나 재구매를 원하는 손님들이 북적 거렸다. 골반이 뒤틀려 걷는 자세가 바르지 않던 학생이 통증을 많이 호소했는데 이곳에서 자세 교정을 받아 상태가 많이 호전되었다.

1. 기능성 신발매장 창업이 성공하게 된 이유와 핵심 포인트는 무엇이라 생각하는가?

____

____

2. 나의 전공과 관련된 시너지를 낼 수 있는 창업은 무엇이 있을까?
   (인터넷 검색 후 토의)

____

____

2) 안정성을 고려하라

아이템 선정에서 가장 중요한 요인 중 하나가 안정성이다. 유행만 좇아 창업을 한 경우에는 한 순간 돈을 벌 수 있을지 몰라도 안정성을 유지할 순 없다. 날마다 내 창업 점포로 출근하기 위해서는 오랜 기간 꾸준히 영업할 수 있는 업종을 선택해야만 한다. 한때 유행했던 아이템으로 창업을 한 실패사례를 살펴보자. 찜닭이 유행하던 시절, 서울 시내 골목마다 찜닭집이 생길 정도로 폭발적인 인기를 끌었다.

사업은 유행을 타서 프랜차이즈 본사들이 가맹점들을 끌어 모았다. 하지만 결국 찜닭 사업은 유행을 낳았을지 몰라도 치킨 프랜차이즈처럼 장수 브랜드로 남지 못했다. 동네마다 하나씩 있던 그 많던 찜닭집이 문을 닫는 데는 채 2년이 걸리지 않았다. 처음에는 찜닭을 새로운 먹거리로 여겨 호기심과 색다른 맛에 끌린 고객이 몇 번은 방문할 수 있다. 하지만 찜닭은 된장찌개나 김치찌개처럼 자주 먹을 수 있는 음식으로 자리 잡지 못했고, 시간이 지나면서 고객이 줄어들어 문을 닫게 되었다.

사례 2

국진씨는 당시 유행하던 찜닭 창업을 하게 되었다. 그동안 모은 돈을 다 쏟아 부어 크지는 않지만 멋지고 아담한 가게를 창업했다. 창업 후 6개월 정도는 장사가 잘 됐다. 말 그대로 당시 유행하는 아이템이었기 때문에 호기심이든 단골이든 몰려드는 손님들로 반년은 문제없이 가게를 끌고 갈 수 있었다. 하지만 당시 찜닭은 반짝 유행 아이템이었다. 점차 고객이 반으로 줄어들게 되면서 결국 창업 후 1년 만에 폐업하게 되었다.

1년 동안 늦은 밤까지 가게 문을 열고 열심히 일했지만, 그의 손에 남은 건 총 투자비의 절반 정도였다. 그나마 그 자리에 바로 다른 사람이 들어온다고 계약이 되어 다행이었다.

투자 자금을 회수하고도 계속해서 사업을 유지하기 위해서는 유행을 타지 않고 오랫동안 할 수 있는 아이템이 필요했던 것이다. 반짝하는 유행 아이템에 현혹되어 창업을 결정한다면 그건 도박이나 다름없다.

1. 위 창업사례가 실패하게 된 가장 큰 이유는 무엇이라 생각하는가?

____

____

2. 우리나라의 창업 브랜드 중에서 오랫동안 유지되고 있는 브랜드는 무엇이 있는가? 그 이유는 무엇일까? (인터넷 검색 후 토의)

____

____

3) 경쟁력이 중요하다

의료계의 고질적이던 진료 대기시간을 획기적으로 줄이며 창업에 나선 회사가 있다. 바로 신개념 의료 애니메이션, '하이차트'다. 의료계의 경험을 살려 개발한 독보적인 창업사례인데 경쟁력이 매우 좋고, 벌써 많은 대형 의료시장을 선점하고 있다.

사례 3

의료계의 혁명!
이제는 어렵지 않은
혁신적인 헬스케어
애니메이션 설명처방

신개념 의료 애니메이션, 하이차트

대학병원이나 종합병원에 가본 사람이라면 누구나 경험했을 것이다. 30분씩, 1시간씩 기다려 힘들게 의사선생님을 만났지만, 막상 상담하는 시간은 길어야 2~3분. 환자 입장에서는 뭔가 억울하다. 설명 부족, 소통 부족이라고 느낄 수 밖에 없다. 의사의 입장도 별반 다르지 않다. 국내 의료체계의 현실상, 대형병원의 의사들은 30분 당 10명의 환자가 예약되어 있다. 모든 환자에게 자세하고 친절한 설명을 해준다는 것은 불가능하다. 비슷한 내용을 반복해서 설명하는 일도 보통 스트레스가 아니다.

2009년 창립된 '헬스웨이브'는 이러한 페인 포인트(Pain Point)를 간단하게 해결해주는 '하이차트' 서비스를 개발한 헬스케어 분야의 유망기업이다. 하이차트는 어려운 의료 정보를 환자들이 알기 쉽게 애니메이션으로 제공하는 세계 최초의 '설명처방' 프로그램이다. 의사가 스마트폰으로 애니메이션을 전송해주면, 환자와 보호자는 이를 편리하게 확인하고 주변 사람과도 공유할 수 있다.

현재 서울대병원, 삼성서울병원, 울산대병원, 강남차병원 등 대형 병원과 유명 전문병원 17곳이 병상 수에 따라 최고 500만 원까지의 사용료를 지불하며 하이차트 프로그램을 환자진료 및 상담에 활용하고 있다. 국내는 물론 미국 최고의 의료기관인 존스홉킨스 병원 의료진들과도 이비인후과, 성형외과 등의 분야에서 환자교육 애니메이션을 제작중이며, 일본, 싱가포르, 인도, 말레이시아 등의 의료진들도 시범사업에 참여하고 있다.

아이템 선정에서 빠뜨리지 않고 고려해야 할 부분은 창업 경쟁력이다. 안정성은 있지만 경쟁력이 없다면 사업은 제대로 운영될 수 없다. 보편적인 아이템을 세분화시켜 틈새시장으로 갈 수 있는 경쟁력이 있어야만 한다.

1. 위 창업자는 어떤 계기로 위와 같은 창업을 하게 되었을까?

____

2. 위 창업사례가 성공하게 된 가장 큰 요점은 무엇이라 생각하는가?

____

3. 〈사례 1〉에서 토의한 나의 전공과 관련된 시너지를 낼 수 있는 창업에 차별화된 경쟁력을 넣는다면 어떤 것이 있을까? (인터넷 검색 후 조별 토의)

____

____

4) 고객을 생각하라

창업 시 가장 중요한 사항은 본인에게 맞는 아이템을 선정하는 것인데 그런 아이템을 선정했다 할지라도 운영을 어떻게 할 것인가가 매우 중요하다. 특히 젊은 층의 고객을 대상으로 하는 업종일 경우 그에 맞는 운영전략을 수립하는 것이 필요하다.

사례 4

국진씨는 당시 유행하던 찜닭 창업을 하게 되었다. 그동안 모은 돈을 다 쏟아 부어 크지는 않지만 멋지고 아담한 가게를 창업했다. 창업 후 6개월 정도는 장사가 잘 됐다. 말 그대로 당시 유행하는 아이템이었기 때문에 호기심이든 단골이든 몰려드는 손님들로 반년은 문제없이 가게를 끌고 갈 수 있었다. 하지만 당시 찜닭은 반짝 유행 아이템이었다. 점차 고객이 반으로 줄어들게 되면서 결국 창업 후 1년 만에 폐업하게 되었다.

1년 동안 늦은 밤까지 가게 문을 열고 열심히 일했지만, 그의 손에 남은 건 총 투자비의 절반 정도였다. 그나마 그 자리에 바로 다른 사람이 들어온다고 계약이 되어 다행이었다.

투자 자금을 회수하고도 계속해서 사업을 유지하기 위해서는 유행을 타지 않고 오랫동안 할 수 있는 아이템이 필요했던 것이다. 반짝하는 유행 아이템에 현혹되어 창업을 결정한다면 그건 도박이나 다름없다.

1. 위 사례에서 이런 고객의 니즈를 미리 알았다면 어떻게 바꾸어 성공하게 할 수 있을까?

**2. 우리나라 국민들의 연령대에 맞는 창업 아이템을 찾아보고 발표해 보자.
(인터넷 검색 후 토의)**

- 20~30대 젊은층

- 40~50대 중년층

---

3 아이템 선택 방법

1) 대중매체를 활용하라

TV, 신문, 인터넷을 통해 기본적인 창업 정보를 얻을 수 있다. 창업 아이템에 대한 정보, 창업 트렌드뿐만 아니라 정부에서 지원하는 창업 정책 및 자금에 대한 전반적인 정보를 얻을 수 있다. 성공 혹은 실패에 대한 창업사례를 통해 창업과정, 창업 투자비용, 월 수익 및 성공적인 운영 노하우 등도 알 수 있다.

2) 창업박람회를 활용하라

창업박람회는 창업 트렌드를 알 수 있는 창업 시장의 풍향계라 할 수 있다. 창업박람회에는 같은 분야의 다양한 업체가 한 자리에 모여 있어 짧은 시간에 많은 프랜차이즈 회사를 한꺼번에 만날 수 있다는 장점이 있다. 이 기회를 통해 프랜차이즈 회사를 분석하고 내공을 키워보는 것도 좋은 현장 체험이다.

3) 사업설명회를 활용하라

사업설명회는 해당 사업에 대한 시장성 및 계획이나 실적에 대한 설명을 들을 수 있다. 일정이나 장소 등은 창업 전문 사이트와 해당 업체 사이트 및 인터넷을 조사하면 좋다. 사업설명회의 전반부는 주로 회사 측에서 준비해 온 자료를 설명한 후 간단한 질문을 받는 형식으로 진행된다. 상담 시간을 잘 활용하면 인터넷에서 찾을 수 없는 구체적인 내용을 들을 수 있다.

4) 동종 업종의 창업자를 방문하라

동종 업종이나 아이템에서 성공적인 사업을 영위하는 창업자를 직접 만나서 들어보는 것이 좋다. 이는 성공 창업을 위한 필수 코스다. 동종 업종에 지인이 없다면 매장을 방문해 보자. 매장을 방문할 때 가장 좋은 방법은 고객이 되어 보는 것이다. 즉, 고객의 입장에서 평가해 보는 것이다. 비교적 한가한 시간대에 매장을 방문해 직접 고객이 되어 물건을 구입해 보자. 실제 창업에 대한 감을 잡는 데 많은 도움이 될 것이다.

4 성공 아이템 체크 방법

창업의 길을 걷기 위해서는 전후좌우의 신호를 잘 살펴야 한다. 성장기에 있는 유망 아이템일지라도 주변 여건에 따라 사업의 성패가 달라지기 때문이다. 또한 아이템이 선정되었다 하더라도 내·외부적인 요소와 조화를 이루지 않으면 성공은 어려울 수 있다.

아이템 자체에 대한 성장성에 확신을 가졌다고 해서 안심하지 마라. 잠재고객의 여부, 경쟁점포의 수, 상품의 구매여건, 인력수급의 여부, 법적 규제 등 고려해야 할 사항들이 너무 많다.

창업을 위해 사전에 확인해야 할 핵심 체크 사항들을 기억하고 체크하자.

1) 잠재고객을 파악하라

아무리 좋은 아이템이 있거나 상품을 팔아도 구매할 고객이 없으면 아무 소용이 없다. 무엇보다 충분한 잠재고객이 관건이다. 잠재고객을 파악하기 위해서는 다음 사항을 면밀히 조사하여야 한다. 특히 유동인구 수와 배후지역 인구수는 점포의 매출을 결정짓는 중요한 요소이다.

유동인구 수, 배후지역 인구 수, 라이프사이클, 연령, 소득수준 등을 파악하면 된다.

2) 이용 빈도를 파악하라

고객의 이용 빈도를 살펴야 한다. 고객이 오랜 기간 동안 기복 없이 찾을 수 있는 아이템이 바로 성공 아이템이다. 가령 조개구이는 성수기와 비수기가 확연히 나뉘는 아이템이다. 이런 아이템의 고객의 이용 빈도는 낮을 수 있다. 최근에 유행한 '명랑 핫도그'도 줄을 서서 기다리는 풍경이 있었는데, 여름철을 보내면서 고객의 빈도수가 떨어졌다. 계절에 따라 이용 빈도의 차이가 큰 아이템은 비수기를 넘기기 힘들기 때문에 신중히 고려해야 한다.

3) 경쟁점포를 파악하라

잠재고객이 많은 유망 아이템이라 할지라도 경쟁점포가 너무 많다면, 해당 지역에서는 유망 아이템이 되기 어렵다. 아이템을 선정할 때는 두 가지를 먼저 고려해야 한다. 첫째, 동일하거나 유사한 경쟁 점포 수와 둘째, 경쟁점포들의 장점과 단점이다. 동일한 상권 내 경쟁점포 수가 많다면 이미 빨간불이 켜진 것이라고 할 수 있다. 내 사업을 돋보이게 하기 위해서는 남들과 다른 차별화가 필요하다. 경쟁점포의 특징을 잘 분석하면 차별화를 위한 힌트를 얻을 수 있다.

4) 공급처를 잘 확인하라

잘 팔리는 유망 아이템으로 시작해도 수요와 공급이 중요하다. 수요는 폭발하는 데 공급을 받지 못한다면 그 점포는 무용지물이 될 것이다. 본인의 주거지역에 대게요리 전문점을 오픈한 한 창업주는 사업이 잘 되다가 문제가 발생했다. 대게의 공급가격이 갑자기 폭등한 것이다. 대게는 거의 수입산을 사용했는데, 공급지역의 사정에 따라 가격이 오르고 그나마 대게도 수요만큼 공급받지 못하였다. 따라서 업종 선정 시 경쟁력뿐만 아니라 적시에 적정가의 물량공급이 가능한지 공급처를 잘 알아보아야 한다.

5) 법적 여부를 꼭 확인하라

인가와 허가를 필요로 하는 업종이 많다. 이런 업종의 경우 관련 법령에서 규정한 의무조건들을 갖추도록 하고 있다. 특히, 인허가 업종은 업종마다 담당 행정기관이 달라 해당 사업의 인허가 기관을 잘 파악하고, 인허가 요건 및 구비서류 등을 잘 준비해서 신청해야 한다. 가끔은 현재 규제가 따르지 않는 업종이라 할지라도 창업 시점에 규제가 있어 당황할 수도 있다. 특히 학교 주변은 규제가 많으니 창업자는 가장 먼저 자신이 희망하는 업종에 대한 인허가 사항을 면밀히 검토해야 한다.

5 창업 형태를 정하라

창업하기로 했다면 창업 형태에 대한 고민에 직면하게 된다. 테이크아웃 커피 전문점에서 커피 종류만 보더라도 가장 인기 있는 카페라테부터 커피 마니아를 위한 에스프레소까지 다양하다. 개별 고객의 다양한 욕구에 맞는 각각의 커피가 있듯이 창업자의 상황에 맞는 적절한 창업 형태가 있다.

1) 독립 창업

독립 창업은 자신이 창업의 중심이 돼 차별화된 가게를 만들어 갈 수 있어 많은 창업자가 이상적으로 생각하는 창업 형태이다. 하지만 독립 창업에 성공하기 위해서는 먼저 해당 분야에 대한 전문 기술이나 오랜 경험을 쌓아야만 한다.

독립 창업의 가장 큰 장점은 창업 초기에 들어가는 인테리어와 시설집기 비용 등을 줄이고 자신만의 차별화된 점포를 열 수 있다. 개성이 강한 차별화된 점포를 운영할 수 있는 대신 입지 선정부터 홍보, 직원관리까지 스스로 모든 운영을 맡아야 한다. 즉, 하나부터 열까지 모두 본인이 준비하고 완성해야 한다. 남들과 다른 독창성을 지니게 되지만 그만큼 많은 노력과 시간을 들여야만 한다.

2) 전수 창업

전수 창업은 독립 창업과 프랜차이즈 창업의 중간 형태다. 전수 창업이란, 음식의 맛과 운영 노하우 등 사업성이 검증된 성공 매장 또는 실력 있는 검증된 전문 조리사로부터 핵심 기술을 전수 받아 창업하는 방법을 말한다. 이때 음식 맛과 운영 노하우를 전수 받았다고 해서 반드시 성공이 보장되는 것은 아니다.

성공한 원조 매장에는 음식의 맛뿐만 아니라 고객의 서비스와 홍보, 차별화된 인테리어 등 여러 요인이 있음을 명심해야 한다. 또한 전수 창업은 성공한 음식점의 체계적인 영업지도와 지속적인 관리를 받는 것이 아니라 음식 맛 혹은 핵심 조리 일부만 지원받는다는 단점도 있다.

3) 프랜차이즈 창업

흔히 프랜차이즈 창업이라 부르는 가맹점 창업은 창업 형태 중 많은 사람이 택하게 되는 방법이다. 프랜차이즈 창업은 가맹점주가 가맹본사에 일정한 금액을 지불하고, 대신 가맹회사의 상호, 상표, 로고 등을 사용하여 가맹회사가 제시하는 일정한 품질기준이나 영업방식에 따라 상품 또는 용역을 판매하는 창업을 말한다.

프랜차이즈 창업은 가망회사의 계약에 의해 창업이 되어 가맹금과 인테리어 비용과 같은 초기 비용이 다소 높은 편이다. 또한 본사의 지도와 규제 및 통제도 있어 자유롭지 못하지만, 가게 입지 선정 및 홍보, 광고 및 판촉행사 등 본사의 지원을 받을 수 있기 때문에 초기에 안정적으로 운영할 수 있다. 하지만 지원을 받을 뿐 그 사업의 핵심 기술과 노하우를 전수받는 것은 아니기 때문에 사업을 계속 영위하더라도 핵심 기술에 대한 노하우는 쌓을 수 없다는 단점이 있다.

| 창업 형태 분석 비교

창업 형태	장점	단점
독립 창업	시장변화에 대한 대처 능력이 높다. 초기 투자비용을 줄일 수 있다.	제품 공급 및 물류 등에 대한 직접 이익이 낮다.
전수 창업	운영에 대한 핵심 노하우 일부를 지원받을 수 있다. 초기 투자비용을 줄일 수 있다.	핵심 노하우의 밀부를 지원 받을 수 있지만 지속적인 관리와 지원을 받을 수 없다.
프랜차이즈 창업	운영에 대한 지식과 노하우를 지원받아 창업 실패율이 낮다. 유명 상호, 상표를 사용할 수 있다.	초기 투자비용이 높고 규제와 통제가 있다. 핵심 노하우 전수가 어렵다.

6 상권분석과 입지선정

출퇴근길이나 집 주변, 학교 주변 등에서 흔히 말하는 대박 나는 가게를 종종 보면, 해당 지역 토박이로 점포를 운영하면서 해당 점포의 상가를 소유한 창업자가 있는 반면, 2~3개월을 넘기지 못하고 주인이 자주 바뀌는 가게가 있다.

이처럼 중요한 상권이나 입지를 분석할 때는 해당 상권이 향후 성장성에 대한 적절한 검토가 필요하다. 시대와 환경이 변하듯 상권과 입지도 수시로 변하기 때문이다. 상권조사를 하기 위해서는 해당 지역에 대한 기본적인 정보 수집이 선행돼야 한다.

1) 상권분석 체크포인트

(1) 상권규모는 어느 정도인가

나무만 보면 숲을 보지 못할 수 있다. 점포가 위치할 만한 상권에서부터 업종에 적합한 입지로 점차 좁혀가 본다. 상권규모는 매출에 많은 영향을 미친다. 상권규모를 알아보려면, 첫째로 인구밀도와 연령별 인구를 알아봐야 한다. 인구는 전체적인 인구수뿐만 아니라 인구의 증감 추이를 통해 향후의 상권 확대와 감소를 가늠해 볼 수 있다. 둘째는 소득 수준을 파악해야 한다. 고객의 수득 수준은 구매력과 매출에 영향을 미치기 때문이다.

(2) 도로망을 파악하라

도로망은 상권 형성에 중요한 역할을 한다. 도로 및 버스나 지하철 등의 대중교통 노선이 혼재된 장소, 주요노선 버스 5대 이상이 정차하는 정류소 앞을 최고의 입지라 할 수 있다. 수도권의 경우 역세권을 중심으로 문화와 소비가 이뤄진다. 특히 사람이 많이 모이는 집객시설인 학교, 종합병원, 극장, 전시장 같은 문화시설은 도로망을 따라 형성된다. 역세권의 경우 대학가나 오피스타운이 택지지구와 맞물려 있다면 최고라 할 수 있다.

(3) 경쟁점포를 분석하라

경쟁점포의 입지 경쟁력은 물론 장단점과 현재 수익을 고려한 경제성까지 분석해야 한다. 경쟁점포의 경쟁력이 입지 경쟁력인지, 시설 경쟁력인지, 탁월한 서비스로 무장된 종업원 경쟁력인지 등을 필히 파악하고 있어야 한다. 특히 경쟁점포를 운영하고 있는 사장이 지역 고객들과의 유대관계, 고객 및 지역 상인과의 친밀도 등이 어느 정도인지까지 파악해야만 한다.

2) 입지 선정 시 체크포인트

(1) 주거지역

주거지역을 분석할 경우 세대수와 소득수준을 알아야 한다. 가령 세대수는 많으나 소득수준이 낮은 경우, 대규모 단지라 할지라도 인근에 대형 상가나 백화점이 있는 경우 경쟁이 될 만한 업종을 피하는 지혜가 필요하다. 즉, 주거지역에서 경쟁력을 가지려면 일정 규모의 구매력이 있는 소비자가 관건이다. 주거지역은 생필품을 비롯한 일상생활에 밀착한 업종이 유망하다. 주거지역은 탄탄한 배후지를 가지고 있어 안정적인 매출을 기대할 수 있어 여성이나 초보 창업자에게 적합하다.

(2) 오피스(사무실) 지역

대부분 오피스상권은 먹거리 상권과 유흥업소가 혼재되어 있다. 그중 직장인을 상대로 하는 음식점은 입지보다는 맛이 더 중요하다. 맛이 알려지면 소문에 소문이 퍼져 고객들이 찾아오게 되어 있다. 오피스상권은 점심 시간대는 물론 심야시간까지 직장인들의 유동성이 좋은 곳이다. 다종의 메뉴보다는 단일 메뉴로 다른 경쟁점포와 차별성을 두는 것도 좋다. 하지만 주5일 근무제로 인해 토요일, 일요일과 공휴일의 매출이 적다는 것을 염두에 둬야 한다.

(3) 학원가

학원가의 주 고객층은 학생과 직장인, 미취업자 등 다양한 계층이 있지만 소비나 지출은 비교적 적은 편이다. 이런 상권은 주머니 사정이 가벼운 사람이 많고, 공부하며 쉬는 데 관련된 업종을 선택하는 것이 좋다. 추천 업종으로는 간단히 먹을 수 있는 분식점, 떡볶이 전문점, 호두과자, 테이크아웃 커피전문점이 무난하다.

(4) 대학가

대학 정문 앞에서 200~300미터 정도의 거리를 말한다. 강의를 마친 학생들이 대중교통을 이용하기 위해 걷는 거리 주변에 형성되어 있다. 학생들을 상대하므로 단가가 낮은 업종을 선택하는 것이 유리하다. 여대생들은 미용에 관심이 많으므로 미용실이나 화장품전문점도 무난하다. 고려할 점은 방학기간이 약 4개월 정도 되므로 실제 영업기간은 매우 적은 편이다.

(5) 코너 점포

여러 형태의 점포 중 가장 유리한 점포는 코너 점포다. 코너 점포는 고객의 시선에 잘 보이는 가시성이 월등하고, 매장으로의 고객 접근성도 매우 우수하다. 뿐만 아니라 다른 점포에 비해 외부 공간 활용도도 뛰어나다. 점포를 임대하거나 매매할 경우 손쉽게 물색할 수 있다는 장점이 있어 월세나 임차료가 비싼 편이다.

(6) 북향의 점포

집은 자연채광이 드는 남향의 집을 선호하지만 상가점포는 북향이 좋다. 점포의 방향이 남향인 경우 겨울철을 제외하고는 오후 늦게까지 해가 지지 않고 햇볕이 든다. 햇볕이 창문에 반사돼 매장 안이 잘 보이지 않아 고객의 접근성이 떨어지고, 진열한 제품들이 햇볕에 상할 수 있다. 남향점포에 비해 저녁장사를 한 시간 먼저 시작할 수 있는 북향점포의 특성은 보이지 않는 경쟁력이다.

(7) 보도 폭과 보행속도

점포 앞을 지나는 사람이 많아도 그들 모두가 고객이 되는 것은 아니다. 유동인구의 보행속도는 점포 앞의 보도 폭에 영향을 받는다. 점포 앞의 보도 폭은 넓으면 넓을수록 좋다. 좁은 길은 무의식중에 경쟁심리가 작용하여 발걸음이 빨라지는 반면, 3미터 이상의 적당한 보도는 주위를 두리번거리며 구경할 수 있는 여유를 준다.

7 준비 과정의 세무전략

창업 인구가 나날이 늘어나면서 창업에 대한 관심은 높은데 가장 어려워하는 부분이 세무부문이다. 많은 창업자가 사업자등록이나 각종 신고로 정신없는 와중에도 창업비용을 줄이는 데 노력하고 있다. 현명한 절세를 통해 창업 초기부터 창업까지 비용을 아낄 수 있는 방법을 체득해 보자.

1) 사업자등록은 먼저 하라

업종에 관계없이 창업을 시작하기 전에는 반드시 사업자등록을 먼저 하는 것이 좋다. 창업 초기에는 건물 임대나 인테리어, 각종 물품 구입으로 많은 비용이 소모되는데, 사업자등록을 했을 경우 이 비용에 포함된 부가세 10%를 공제받을 수 있다. 사업자등록은 사업 시작일로부터 20일 이내에 홈택스 홈페이지에서 가능하고, 등록하지 않을 경우 가산세가 부과될 수 있다.

2) 4대 보험을 꼭 가입하라

4대 보험이란 국민연금, 건강보험, 고용보험, 산재보험을 말하는데 직원을 고용할 경우 반드시 4대 보험을 가입하는 것이 좋다. 창업을 한 후 규모가 커지다 보면 인건비 지출이 큰 부담으로 다가온다. 일부 대표자들은 비용 절감을 통해 아르바이트생의 4대 보험료를 지불하지 않는 경우가 종종 있는데 실제로는 4대 보험료를 지불하고 이 비용에 대한 절세처리를 하는 것이 이득일 수 있다.

3) 지출비용의 '증빙자료'를 챙겨라

인건비를 처리할 때는 '급여명세서', 세금을 낼 때는 '세금계산서' 등 사업과 관련된 금액을 지출할 경우 그에 따른 증빙자료를 보관하여야 한다. 내야 하는 세금을 확인하고 아끼기 위해서는 이런 증빙자료를 잘 모아두는 습관이 중요하다. 매달 내는 통신비나 전기요금, 가스요금 등 전부 비용처리를 통해 절세혜택을 받을 수 있다.

4) 모든 수입과 지출은 장부에 기록하라

소득금액을 결정하는 방법은 기장과 정부가 정한 추계에 의해 나뉘는데 기장이란 세금계산서와 영수증 등 증빙서류를 근거로 직접 장부에 기록하는 것을 말한다. 기장은 손실이 발생했을 때 도움된다. 사업 중 발생한 손실액을 증명할 수 있는 증빙자료가 있는 경우 해당 금액만큼 10년 동안 발생하는 소득에서 공제받을 수 있다. 또한 전년 매출액이 4800만원 이상인 사업자의 경우 기장을 해 놓지 않으면 가산세가 적용된다.

CHAPTER 12

창업의 시작

12 창업의 시작

학습목표

1. 창업 절차와 과정을 이해하고 준비할 수 있다.
2. 창업의 타당성 분석과 시장조사를 준비할 수 있다.
3. 창업의 사업계획서 작성과 구체적 업무를 준비할 수 있다.

1 창업 절차

창업 전 착실한 준비는 아무리 강조해도 지나치지 않는다. 창업을 준비하는 많은 사람이 주변의 조언이나 약간의 조사 정도에 그치는 경우가 많다. 예를 들어 요식업을 창업하려는 데 상권분석을 하지 않는다거나, 제품 판매를 하려는 데 수요조사를 하지 않는 것은 매우 위험한 일이다.

내가 창업을 하면 반드시 성공할 것이라는 막연한 자신감은 실패의 지름길이다. 우리나라 자영업자의 60%가 3년 이내에 폐업한다는 것이 현실이지만, 이를 뒤집어 보면 40%는 3년을 지나 성공할 가능성이 높아진다는 것이다. 청년 창업자라면 성공과 실패를 떠나서 많은 경험을 쌓을 수 있을 것이다. 실패로 얻는 경험도 값진 것이나 성공으로 얻는 보상에 비할 수는 없을 것이다. 창업 준비 절차의 단계는 다음과 같다.

| 창업 준비 절차

절차	체크사항
환경 분석 단계	창업자의 성격, 전문성 등 내부 환경 분석 및 사회, 제도, 트렌드 등 외부 환경 분석
아이템 선정 단계	아이템 개발 및 아이템 조사방법
타당성 분석 단계	상품성, 시장성, 수익성, 안정성 검토를 위한 SWOT 분석
시장조사 단계	경쟁상품이나 대체상품에 대한 시장규모 경쟁사에 비한 장·단점 분석 및 수요분석
입지분석 단계	상권분석, 입지선정 준비
자금계획 단계	자기자본금, 금융기관 대출, 투자자 확보 등
사업계획서 단계	조사 및 분석 자료를 토대로 한 최종 계획수립
사업장 단계	사업장 준비, 직원채용 계획
세무·행정 단계	행정적인 등록, 신고 항목 및 절차

1) 환경 분석

(1) 내부 환경

창업 준비 시 고려해야 할 내부 환경으로는 창업자의 성격, 성향, 전문분야, 경험 등을 들 수 있다. 자신의 성격이 소심하거나 내성적이라고 창업에 불리한 것은 아니다. 자신의 성향에 맞는 분야에서 창업을 하면 되고, 또 자신의 단점을 보완해 줄 동업자나 직원을 고용하면 된다. 자신이 관심을 갖고 있는 분야나 전문지식을 가지고 있는 분야에서 창업을 하는 것이 성공할 확률이 높다. 창업 전에 이런 분야에서 취업이나 아르바이트를 통해 미리 경험을 쌓고 시작하는 것도 많은 도움이 된다.

(2) 외부 환경

창업 준비 시 고려해야 할 외부환경으로는 사회, 제도, 트렌드 등을 들 수 있다. 자신이 창업하려고 하는 분야가 사회적이나 법적으로 문제가 없는지, 어려움은 없는지 반드시 고려하여야 한다. 국가에서 제도적으로 지원하는 부분이 있는지도 알아봐야 한다. 유행을 타지 않는 정형화된 분야도 있지만 트렌디한 분야에서 창업을 하고자 한다면 이에 대한 조사도 반드시 필요하다.

2) 아이템 선정

아이템 선정의 중요성은 아무리 강조해도 지나치지 않는다. 다만 유용한 아이템이라 해도 자신에게 맞지 않는다면 실패하기 쉽다는 것을 명심해야 한다. 아이템은 그 자체도 중요하지만 창업과 자신의 환경에 적합해야만 비로소 빛을 바라게 되는 것이다. 기존 아이템을 벤치마킹하거나 새로운 아이템을 만들어 낼 수 있다. 벤치마킹의 경우 표절이나 복제와의 구분이 모호할 수 있으나, 원 아이템과의 명확한 차별성을 갖고 추진하면 된다.

| 아이템 선정 주요 포인트

구분	주요 내용
아이덴티티	고객이 해당 아이템에 대한 어떤 이미지를 갖게 될 것인가 고민한다. 고객에게 아이덴티티(정체성)를 심어주기 위한 노력을 생각한다.
라이프사이클	해당 아이템의 현재 시장에서의 위치를 도입기, 성장기, 성숙기, 쇠퇴기로 나누어 어떤 위치에 속해 있는가를 판단한다. 쇠퇴기라 해서 무조건 피해야 하는 것은 아니다. 쇠퇴기에는 많은 경쟁자가 시장에서 철수하기 때문에 오히려 수익성이 좋을 수 있다.
히스토리	아이템의 발생동기, 시대배경, 고객 선호도 등 역사적인 내용을 정리한다. 보다 높은 존재가치를 부여할 수 있고, 소비자들과의 유대감을 형성할 수 있다.
구체화	추상적인 개념을 현실화시킨다. 좋은 제품을 언제, 누구에게, 어떻게 많이 판다던가 하는 식으로 구체화, 계량화시킨다.
스토리텔링	아이템의 스토리를 만든다. 이 제품이나 서비스가 어떻게 나오게 되었고 어떤 환경에서 만들어 졌는지도 훌륭한 스토리가 된다.

3) 타당성 분석

(1) 타당성 분석의 이해

아이템을 선정했으면 상품성, 시장성, 안정성 등 사업타당성을 분석하여야 한다. 타당성 분석은 사업실패 요인을 사전에 제거하고 사업성공 전략을 마련하여 창업의 성공 가능성을 높여준다. 또한 시간을 절약할 수 있고 비용을 절감할 수 있어 효율적인 창업업무를 수행할 수 있도록 한다. 체계적인 접근과 인력규모를 산정하여 효율적인 경영을 도모할 수 있다. 또한 사업 전반에 대한 관련 사전지식을 얻을 수 있어 사업에 대한 체계적인 지식을 습득할 수 있다.

(2) 타당성 분석 흐름도

사업타당성 분석은 사업시행 전에 성공 가능성을 합리적으로 분석 평가하는 과정으로 그 절차는 우선 후보 창업 아이템을 탐색하고 이 아이템들에 대한 예비사업성 분석을 통해 선별과정을 거친다. 이 작업을 통해 후보 아이템을 비교 평가하여 우선순위를 결정하고 성공 가능성이 희박한 아이템들은 과감하게 버리고 가장 우수한 최적 아이템을 선정한다.

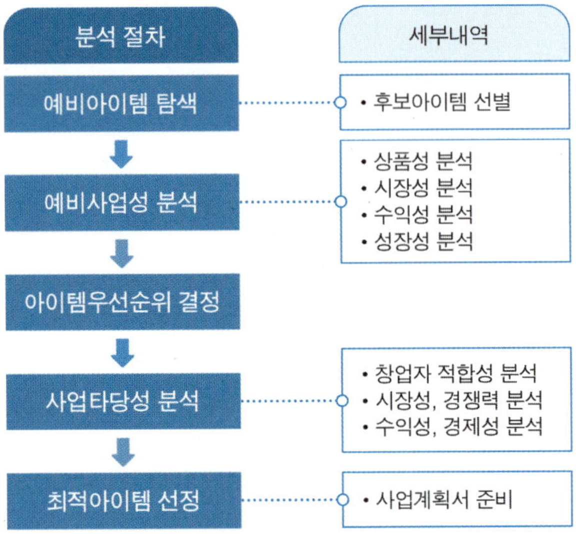

| 사업 타당성 분석 흐름도

(3) 타당성 평가요소

창업 타당성 평가하는 요소는 창업자의 사업수행 능력, 아이템의 시장성과 경쟁력, 수익성 및 성장성이며 세부항목은 다음과 같다.

| 타당성 평가요소

평가요소	세부항목
창업자의 사업수행 능력 및 적합성	• 창업자의 적성과 자질 • 창업자의 리더십, 결단력 • 창업자의 관련 업무 경험과 지식 • 업종과 아이템 선택의 적합성
시장경쟁력과 성장성	• 해당 아이템에 대한 고객 선호도 • 상품에 대한 라이프사이클 분석 • 잠재고객의 증가 추세 • 경쟁상품의 출현 가능성
수익성과 경제성	• 예상매출 및 수익 전망 • 투자수익 및 손익분기점 분석 • 시장 규모와 시장 점유율
자금수급 및 위험성	• 소요자금의 규모 및 조달 가능성 • 차입금 상환 능력 검토 • 해당 사업에 대한 리스크 요인 검토

① 사업 수행능력 및 적합성

창업의 성패는 창업자가 계획한 사업에 대한 수행능력과 자질 그리고 해당 업종에 대한 적합성에 의거해서 평가할 수 있다. 개인이나 기업이나 어떤 사업에 대한 성공과 실패는 가장 중요한 인적 요인에 의해서 좌우된다. 창업의 성공 여부도 결국은 창업자의 능력과 자질이 어느 정도가 되느냐에 따라 결정되는데, 특히 신규 창업의 경우 창업자의 계획 사업 수행능력과 앞으로 경영하고자 하는 업종에 대한 경험, 지식 및 관련성이 핵심요소가 아닐 수 없다.

사업을 성공적으로 이끌기 위해서는 창업분야에 관련된 선행지식이나 경험 그리고 환경변화에 대처할 수 있는 능력 이외에 창업자의 결단력, 책임감, 의지력 및 조직을 이끌어 나갈 수 있는 리더십이 중요한 요소라 할 수 있다.

② 시장경쟁력과 성장성

시장경쟁력 분석이란 사업을 시작하기 전에 해당 상품 또는 서비스 시장의 크기는 어느 정도인지, 성장 잠재력과 유사상품의 수요 추이는 어떠했는지를 분석해 보는 것인데, 해당 아이템에 대한 고객 선호도와 반응은 어느 정도인지, 상품 품질이 시장에서 기존상품과 경쟁에서 우위를 점할 수 있는 경쟁력 정도를 파악하는 것이다.

아무리 좋은 상품을 만든다고 하더라도 해당상품이 시장에서 판매되지 않는다면 사업의 의미가 없을 것이다. 시장경쟁력 분석의 최종 목적은 앞으로 생산 예정인 상품이나 서비스가 시장에서 얼마나 팔릴 것인가, 향후 증가 추세는 어떻게 변할 것인가 등 사업성패를 사전에 판단할 수 있는 중요한 정보를 얻는 것이라 할 수 있다.

③ 수익성과 경제성

수익성과 경제성 분석은 계획한 사업을 통해 실현 가능한 모든 수익과 비용자료를 추정하고 분석·검토하는 것을 말한다. 계획한 아이템이 성공적으로 생산되어 예상된 적정 판매량이 실현된다 하더라도 적정 수익을 실현하지 못한다면 그 사업은 결국 성공 가능성이 없는 것으로 판정되므로 사업의 경제성 평가는 새로운 계획사업이 타당성 여부를 판단하는 기준이 된다.

수익성분석은 손익분기점이 매우 중요한 결정요인이 되는데, 창업에 있어서의 손익분기점에 해당하는 시점은 상당히 중요한 의미를 갖는다. 왜냐하면 손익분기점을 무사히 넘겼을 때 기업이 비로소 정상궤도에 진입하여 본격적인 이익을 창출할 수 있는 시점이 되기 때문이다.

④ 자금수급 능력과 위험요인

자금수급 및 조달능력은 창업아이템이 시장성과 수익성이 있는 사업이라도 그 사업에 필요한 적정 자금규모는 어느 정도이며, 자금을 적기에 차질 없이 조달할 수 있는지 그리고 조달된 자금을 상환조건과 기간에 따라 원만하게 상환할 수 있는지 여부를 검토하는 것이다.

차입금으로 자금을 조달할 경우는 상환능력을 검토하여야 하는데 차입금 상환계획을 소홀히 할 경우 상환기간이 일시적으로 도래하는 상황이 발생할 때는 사업이 큰 곤경에 처할 수 있다. 사업 위험요인 분석은 사업의 성패에 결정적인 영향을 미치는 사업타당성 분석의 최종 단계라 할 수 있다.

4) 시장조사

(1) 시장조사

아무리 좋은 아이템이라도 수요가 없다면 아무 소용이 없을 것이다. 100개의 수요를 가진 시장에 500개를 내놓게 되면 400개의 손실을 본다. 이와 같이 시장조사는 창업초기에 가장 중요한 준비 단계이다. 시장조사는 과거와 현재 자료를 조사하고 분석하여 미래를 예측하여 사업전략을 수립하는 활동이다. 구체적으로 목표시장, 경쟁사, 기업 환경 등에 대한 자료를 수집하여 분석하는 작업이다.

시장조사는 1차 조사와 2차 조사로 나눌 수 있는데, 1차 조사는 아이템에 대한 목표 구매자, 현재 구매자의 패턴, 특징에 대한 자료를 수집하고 분석하는 것을 말하고, 2차 조사는 관련 서적이나 자료를 통해 조사하는 것으로 1차 조사보다 낮은 비용으로 조사할 수 있다. 현재는 인터넷의 발달로 많은 데이터를 수집할 수 있지만 깊이 있는 자료를 구하기는 쉽지 않다. 따라서 고객층에 대한 설문이나 탐방 등으로 충분하고 실질적인 자료를 얻는 것이 좋다.

(2) 시장조사 방법

조사방법	주요 내용
질적조사	심층면접, 그룹토론, 전문가 상담
양적조사	개별면접, 전화면접, 우편 질문지 방법
응용조사	제품이나 서비스에 대한 조사, 인지도, 차별성, 라이프사이클 등
여론조사	몇 개의 정해진 질문을 배포, 조사(SNS, 인터넷 등)
방법론조사	설문을 통해 이론 조사 및 분석

5) 자금

(1) 자금계획의 예측

자금계획은 창업자들이 가장 난관에 빠지는 단계이다. 지금력이 충분하다면 사업초기에 어느 정도 여유 있게 사업을 운영할 수 있지만 투자를 유치하거나 대출계획을 세운다면, 자금 소요 예측을 정확하게 해야 하기 때문이다.

청년창업의 경우 정부나 단체에서 창업자금을 지원해 주는 프로그램을 적극 이용하는 것도 바람직하다. 자금지원의 경우 낮은 금리로 대출을 지원하는 형태나 사업자금을 투자하는 형태가 있는데, 어떤 것이 자신에게 유리할 것인가를 잘 살펴봐야 한다.

초기 자금을 정확하게 예측하게 되면 자금조달에 대한 부담을 적게 할 수 있다. 항목별로 창업에 필요한 자금을 계산하고 자금 계획을 세워본다. 특히 소요자금 표의 작성이 중요한데 소요자금 현황을 작성하다 보면 생각하지 못했던 부분을 발견할 수 있고, 보다 정확하게 자금 예측을 할 수 있기 때문이다.

(2) 주요 소요자금

소요자금	세부 소요자금
시설자금	사무실, 점포, 공장 등의 보증금과 권리금 인테리어비, 집기류, 가전, 각종 사무용품 구입비, 시설 장비비
운전자금	홍보비, 초도 상품비, 제품제작비, 임차료, 관리비, 인건비, 운영비
예비자금	통상 시설자금과 운전자금의 10~20% 수준

6) 사업계획서

창업아이템 선정, 타당성 분석, 시장조사, 자금계획 등이 세워졌다면 이를 토대로 사업계획서를 작성하여야 한다. 사업계획서는 사업 전반에 대한 검토용으로도 필요하지만 자금 조달을 위한 용도로도 중요하다. 정책자금이나 대출, 투자 심사용으로 사업계획서가 많은 부분을 차지하기 때문이다. 사업계획서는 한번 작성하고 끝나는 것이 아니라 사업을 계속 진행하면서 보완해 나가야 한다.

(1) 사업계획서 작성

사업계획서는 사업아이템부터 사업의 특성, 사업형태, 자금계획 및 사업추진 일정 등 세부적인 설명이 구체적으로 포함되어야 한다.

① 사업계획서는 자신감 있고 명료하게 작성하여야 한다

'무엇을 할 것 같다'라는 표현보다는 '무엇이다'라는 표현이 사업계획서를 읽는 사람에게 신뢰감을 줄 수 있다. 전문용어를 피하고 명료하게 작성하는 것이 중요하다.

② 핵심 서비스나 기술을 강조하고 부가적인 것은 과감히 생략한다

'여러 가지를 할 수 있다'기보다는 한 가지라도 제대로 할 수 있다는 것을 전달하는 것이 중요하다.

③ 향후 가능성과 잠재력에 대해 강조한다

당장의 이익도 중요하지만 대부분 향후 가능성과 잠재력을 중요시하게 여긴다. 객관성을 가지고 충분한 근거에 의해 기업의 비전을 보여줘야 한다.

④ 위기대처능력을 보여준다

사업의 장점만을 늘어놓지 말고 단점이나 위험성에 대해서도 언급하되 해결책을 제시한다.

⑤ 실현 가능한 계획을 세운다

기술적인 면이나 자금조달 면에서 충분히 검토하고 실현 가능한 계획을 세운다.

| 사업계획서 주요 내용

사업계획	주요 세부내용
사업의 개요	• 창업의 개요와 사업타당성 및 강점 • 창업의 업종, 업태 및 운영계획에 대한 개요
사업의 형태	• 개인 또는 법인 사업자와 회사의 형태 • 회사의 경우 출자자와 출자비율
시장현황 및 특성	• 사업장의 입지 및 점포확보 계획 • 상권의 특성과 경쟁상대의 현황 및 특징 • 시장규모 및 향후 전망과 SWOT 분석
자금조달 및 운용	• 창업 소요자금, 조달 및 운용에 관한 계획 • 운전자금의 조달, 운용 및 차입금 상환계획
사업추진 계획	• 조직 및 인원 계획, 제품조달 및 생산 계획 • 마케팅 및 판매 계획, 사업추진 일정 계획
재무현황	• 예상 수익과 비용 계산에 관한 사항 • 추정 손익계산서, 판매 및 일반관리비 명세서

7) 사업장(임차)

사업계획서 작성 후 초기자본이 준비되었거나 준비될 예정이라면 사업장을 준비해야 한다. 서비스업이나 요식업과 같이 사업장 위치가 상대적으로 중요한 업종은 상권분석과 입지선정이 미리 이루어져야 한다. 반면, 제조업의 경우는 상권 같은 요소보다는 제도적인 문제나 물류 편의성 등을 고려해야 한다. 특히 지방자치단체나 각종 협회, 정부에서 운영하는 창업지원센터의 경우 좋은 조건의 사업장을 저렴하게 임대하고 있으니 관련 정보를 찾아보는 것이 좋다.

(1) 상권분석과 입지 선정

상권분석은 원하는 업종의 해당지역의 시장성을 분석하는 것을 말한다. 유동인구와 연령대, 소득구분 등 기본적인 자료 외에도 동종업종의 매출이나 수익분석, 경쟁업소 분석, 점포 평균수명 등 기술적인 분석도 필요하다. 개인이 분석하기에는 다소 전문적인 부분이 많기 때문에 전문 업체에 컨설팅을 맡기기도 한다.

해당 지역의 상권분석과 더불어 원하는 사업장의 입지분석이 필요한데, 위치와 규모, 상가구조, 내부구조, 시설 등 사용상의 문제점을 잘 검토해야 한다.

상권분석과 입지선정은 상대적인 면이 크다. 어느 업종에 좋은 상권이라 할지라도 내가 선택한 업종에는 맞지 않는 경우가 많다. 특히 프랜차이즈 본사나 컨설팅업체만 믿고 자신이 사업할 사업장에 대해 전혀 조사하지 않으면 큰 낭패를 본다. 컨설팅자료를 참고하여 직접 확인해야 실패를 줄일 수 있다.

(2) 임대차 계약 시 유의점

자신이 소유한 사업장이 아니라면 임차를 해야 하고 임대차 계약을 맺어야 한다. 보통 공인중개사를 통해 진행을 하면 크게 문제될 것 없지만, 계약 전에 등기부등본을 열람하여 문제가 없는지 확인하는 것이 좋다. 등기부등본은 인터넷을 이용하여 대법원 인터넷 등기소에 접속하면 일정 비용을 지불하고 쉽게 열람할 수 있다.

계약 후에는 주택 임차의 경우와 마찬가지로 확정일자를 받아두는 것이 좋다. 건물의 경매 등이 진행될 경우 후순위 권리자에 우선하여 보증금 반환의 권리가 생기게 된다. 확정일자 신고는 임대차계약서 원본, 사업자등록증 원본, 사업장 도면, 신분증을 지참하고 주민센터를 방문하면 된다.

I 입지선정 평가기준

구분	내용
접근 가능성	관할 상권주변에 있는 고객을 나의 점포로 끌어들일 수 있는 가능성
성장 가능성	인구증가 및 소득수준 향상으로 시장규모와 매출액이 성장할 가능성
중간 저지성	기존 점포가 중간에 위치하여 나의 점포로 오는 고객이 차단되는 정도
경쟁 회피성	신규 입점이나 기존 점포와의 경쟁에서 우위를 확보할 수 있는 정도
잠재력	관할 상권 내에서 취급하는 상품, 점포 또는 단지의 수익성 확보 가능성
흡인력	점포, 사무실, 문화시설 등이 인접해 있어 고객을 유인할 수 있는 가능성
양립성	상호 보완관계가 있는 점포가 위치하고 있어 흡입될 수 있는 고객 정도
경제성	입지의 가격 및 비용 등을 충당하고 가능한 수익성 및 생산성 정도

2 창업 기본업무

사업장 임대차 계약이 끝나고 창업 준비가 완료되면 사업자등록 등 각종 신고 및 허가 절차를 받아야 한다. 본인의 업종이 신고제인지 허가제인지 미리 확인해서 추후에 불이익이 없도록 한다. 현재는 각종 신고절차가 간편해져서 특별한 업종이 아니면 본인이 직접 세무서나 행정기관을 방문해서 처리하는 데 크게 문제가 없다. 개인사업자가 아닌 법인사업자의 경우 법인 등기를 해야 하는 복잡한 면이 있어 법무사나 세무사의 도움을 받는 것이 좋다.

1) 개입사업자와 법인사업자

대부분 창업은 시작이 쉽고 절차가 간단한 개인사업자로 등록하는 경우가 많으며, 이를 권장한다. 다만 사업이 잘 되고 매출이 오르면 개입사업자의 세금은 높아지기 때문에 법인업자로 전환하면 세금을 줄일 수 있다. 최근에는 법이 개정되어 1인 법인설립도 가능해진 만큼 소득규모와 사업 성격에 따라 처음부터 법인 설립을 하는 사람도 있다. 개인사업자에서 법인사업자로의 전환은 모든 비용을 제외한 순 이익금이 1억원을 초과한다면 적극 고려하여야 한다.

2) 사업자등록

사업을 시작하는 데 가장 기본이 되는 신고 절차이다. 개인사업자의 경우 임대차계약서, 신분증만 지참하고 사업장 소재지의 세무서를 방문하여 신고하면 대부분 당일에 발급 받을 수 있다. 자신이 하고자 하는 업종과 업태, 임차한 사업장의 주소, 보증금, 월세, 계약기간, 면적, 임대인의 사업자등록번호 등이 주된 신고사항이다. 자신이 살고 있는 집을 사업장으로 신고할 수도 있다. 사업자등록을 하게 되면 사업자등록번호를 받게 되는데 이는 사람의 경우 주민등록번호와 같다고 보면 된다. 폐업하기 전까지는 주소나 대표자가 바뀌어도 사업자등록번호는 바뀌지 않는다.

3) 세무업무

사업이 개시되면 세금계산서, 현금영수증, 근로자나 사업자의 소득세 원천징수 납부, 주민세 납부, 부가가치세 신고, 4대 보험 처리 등 여러 가지 세무 관련 업무를 처리해야 한다. 혼자서 처리하기보다는 회계담당자를 고용하거나 담당 세무사를 선정하여 세무 관련 업무를 담당하게 하는 것이 효율적인데, 어느 정도 세무 지식이 있다면 홈택스, 위택스, 사회보험징수 포털사이트 등을 이용하여 직접 처리하는 것도 가능하다. 개입사업자의 경우 간편 장부 등 세무업무를 보다 쉽게 처리할 수 있는 제도적 기반이 마련되어 있다.

4) 직원 채용

(1) 채용 관련 서류

근로계약은 반드시 서면으로 계약할 의무는 없으나 향후 분쟁을 예방하기 위해 서면으로 작성하는 것이 좋다. 10인 이상 근로자를 고용하는 사업장은 취업규칙을 작성하여 관할 지방노동사무소에 신고해야 한다.

- 근로계약서
- 서약서: 회사의 취업규칙과 규정을 준수할 것과 회사의 기밀 유지를 서약
- 신원보증서: 서울보증보험에서 발급
- 이력서 또는 인사기록카드
- 주민등록등본 또는 가족관계 확인서
- 개인 신용정보 제공 동의서

(2) 보존 관련 서류(3년)

- 근로자 명부 및 근로계약서
- 급여 관리 대장(출근카드, 업무일지 등)

- 제반 임금 서류: 지급방법 및 임금 계산의 근거 자료
- 고용, 해고, 퇴직에 대한 서류

(3) 근로시간(2018. 7. 1)

- 1주간의 근로시간은 휴게 시간을 제외하고 40시간을 초과할 수 없다.
- 1주간의 근로시간은 연장근로시간을 포함하여 52시간을 초과할 수 없다.
- 1일의 근로시간은 휴게 시간을 제외하고 8시간을 초과할 수 없다.
- 1일중 연장근로는 가능하나 1주에 12시간 초과를 할 수 없다.

참고문헌

고용노동부(2015). 2015 채용절차의 공정화에 관한 법률 업무 매뉴얼.

고용노동부(워크넷 홈페이지). 직업가치관검사.

고용노동부(워크넷 홈페이지). 직업선호도검사 S형.

금진호(2017). 창업과 경영. 양성원.

금진호(2019). 창업 그리고 4차 산업. 양성원.

김경진, 오은미, 김만석, 이태현, 임영수, 최인희, 김선애(2018). 대학생을 위한 취업과 창업전략. 수양재.

박현주(2010). 창업 따라잡기. 매일경제신문사.

비즈업(2016). 취업보다 창업. 프리이코노미북스.

안성태(2018). 스타트업 재무특강. 니케북스.

한국어위키백과(2018). 위키피디아.

K-Startup(2018). 창업성공사례. 창업진흥원.

국가직무능력표준 NCS 사이트 www.ncs.go.kr

잡코리아 좋은일 연구소 www.jobkorea.co.kr

한국고용정보원 www.keis.or.kr

찾아보기

저 | 자 | 소 | 개

▪ 오은미

고려대학교 영어영문학 전공

현) 렉스아카데미부산 대표

부산과학기술대학교 교양 외래교수

포스코그룹 사외교수

저서) 취업과 창업전략

▪ 금진호

한남대학교 교육학석사

현) 목원대학교 교양학부 겸임교수

대전과학기술대학교 세무회계과 겸임교수

큐프라임경영컨설팅 창업 · 경영 전문위원

저서) 창업과 경영실무, 4차산업 그리고 창업 외

▪ 김선애

위덕대학교 외식산업학 박사 수료

현) 선린대학교 NCS · 교양 외래교수

대구보건대학교 NCS · 교양 외래교수

저서) 취업과 창업전략

▪ 육현정

부산대학교 경영학 석사

현) 동부산대학교 NCS 외래교수

NCS기반

취업과 창업설계 Guide Book

1판 1쇄 발행 — 2019년 3월 5일
1판 2쇄 발행 — 2021년 3월 20일

저　　자 – 오은미 금진호 김선애 육현정
발 행 인 – 강철원
발 행 처 – 양성원
주　　소 – 경기도 파주시 검산로 173번길 29-20
전　　화 – 031-946-3861(代)
팩　　스 – 031-946-3864
이 메 일 – tnwpub@naver.com
홈페이지 – tnwpub.co.kr
출판등록 – 2015년 8월 31일 제2015-000211호

ISBN 979-11-6126-170-6

정가 15,000원